# #
SYMBOLS

符號的故事

從文字到圖像，
45個關於宗教、經濟、政治與大眾文化的時代記憶

約瑟夫・皮爾希Joseph Piercy── 著

蔡伊斐 ── 翻譯

獻給波莉和喬安娜

作者其他著作

英語的故事 The Story of English

讓你思考的一本書 This Book Will Make You Think
（以筆名亞蘭・史蒂芬 Alain Stephen 出版）

目錄

⚡⚡ ❀ ☠ ☮ # ♥ ☯ & ★

介紹

「我們思考時使用了大量的符號系統，語言的、數學的、圖像的、音樂的、儀式的等，沒有這些符號系統，我們不會有藝術，不會有科學，不會有法律，不會有哲學，甚至不會有文明萌芽；換言之，我們只會是普通的動物。」

—————— 奧爾德斯・赫胥黎（Aldous Huxley）

科幻小說家赫胥黎為克里希那穆提（Jiddu Krishnamurti）哲學作品《最初與最後的自由》（1954）寫序，其中明確指出科學所用的說明符號是「精心挑選、小心分析並逐步引用」，而宗教與政治團體選擇的符號則為了刻意排除外人。經常有人爭論這些符號的重要性是不是被高估了，赫胥黎對此表示：「我們這個年代的歷史已經證實得夠清楚了」——符號有時甚至攸關生死。

重點是赫胥黎寫下這些文字是在二次世界大戰之後，當時政治與宗教團體相互結盟對抗敵人，一起揮舞帶有各種圖

騰的旗幟與標識。然而，赫胥黎的觀點在今日仍正中要害。人類進入後工業時期，科技劇烈衝撞主宰整個社會，像是藍牙標誌這類新標誌或是推特井字號這類有了新意義的舊標誌屢見不鮮，逐漸改變了我們生活中與人溝通的方式。

但是一開始到底是什麼讓社會與文化建造出符號系統，這些符號雖好用卻有潛在危險，今天符號系統比過往更多，大約上個世紀哲學家才開始思考這些符號到底代表什麼意思，他們的研究不僅龐大而且通常難以理解。瑞士哲學家索緒爾（Ferdinand de Saussure）主張每個符號代表的意思基本上相當隨意，也就是象徵某樣實體的符號，其實與想要描述的物件本身沒有直接關係，像是卍字這種古老符號本來象徵健康，最後卻變成代表納粹黨團的佩章，現在任何看到卍字的人會以為背後夾帶黑暗仇恨的訊息，與原本的意思全然脫鉤。然而，所有符號本身真的只是簡單的幾何圖騰。

研究人類生活方式中「意符」背後所指既複雜又困難，為了避免過份糾結在這些錯綜複雜的理論（以及反面理論），我在書末加上書目與推薦書單供讀者進一步閱讀，其中羅蘭・巴特（Roland Barthes）與安伯托・艾可（Umberto

Eco）為索緒爾一派的觀點加入的意見特別有趣。

　　總結上述，這本書試圖定睛在我們每天生活中圍繞我們的常見標誌與符號（也有比較不常見的），追蹤這些符號的歷史背景如何成為人類溝通與理解的工具。這些章節按照主題排序，一開始從早期文明元素出發，像是舊石器時期的洞窟壁畫與古埃及聖書體。接下的章節強調更抽象的標誌與符號，包含熟悉的政治與意識形態象徵、價值和匯兌概念相關的標誌、身份認同相關的文化圖騰以及越來越多科技和通信相關的符號。

　　這些符號的選擇很武斷混雜，我要特別強調這點，因為還有許多符號系統更值得分析研究，但我選的這些符號對人類社會有更長期的影響，或已經證明對未來有一定的重要性。隨著科技進步，生活步調越來越有效率，為了讓不同的文化與語言更貼近彼此，標誌與符號的使用只會越來越廣泛。但我們要記住赫胥黎在二十世紀中提出的警告，人類對非語言溝通的依賴日漸增加最終導向何方？探究與預測上述提問將非常有趣。

約瑟夫・皮爾希
Joseph Piercy

第一部分
早期標誌與符號

「大體來說，符號是象徵某物的標誌，某物必然存在，符號才有象徵的依據。」

————— 阿爾弗雷德・柯日布斯基
（Alfred Korzybski）

在目前所知道最早的文明中，人類已經創造標誌與符號，雖然已有證據證明早期人類試圖透過洞窟壁畫與岩石藝術銘刻重現當時的世界，但是我們無法確定這些創作背後的動機，儘管如此，開始使用壁畫與銘刻的時間點對調查標誌與符號系統仍很重要。就像埃及聖書體，雖然聖書體其實本質是字母形式，但聖書體使用象形符號傳達語義上的指涉並溝通想法，確立了符號屬於象徵範疇。中世紀的紋章同樣也是表意符號，有趣的是紋章一開始將人類特徵轉換成動物，用來象徵個人身份。

舊石器時代洞窟藝術

　　人類重述或試圖紀錄生活環境與意識，透過視覺與象徵圖像來溝通等能力，現存最古老跡證可以在舊石器時代的洞窟藝術發現。

　　在 1994 年十二月，尚馬歇・肖維（Jean Marie Chauvet）帶領三個法國洞窟學者（洞窟探險家）在法國南部阿爾代什谷地（Ardèche valley）研究地質，當他們來到先前被落石擋住的一系列石室，石室地板上有動物骨骸、印記、

舊石器時代石窟壁畫不僅僅用來裝飾，同時也用來溝通，告訴其他獵人和採集者哪裡危險或是哪裡也許可以找到食物。

化石殘留與人類曾佔據的清楚痕跡，當他們冒險進入石室，肖維與同事在兩個用短走廊相通的龐大石室牆上發現數百個保存完好的壁畫與銘刻，第一個石室的壁畫多半用紅色染料繪製，第二個石室的大部分壁畫顯然是以黑炭和赭石標記。

　　肖維石窟壁畫大部分描繪動物，畫出十三種不同動物形態組合各異，包含披毛犀、洞熊、獅子、長毛象、狼、馬與一般認為是黑豹的大型黑貓。身為狂熱的業餘尋寶人，肖維

了解這個發現是數十年來阿爾代什地區洞窟探索的頂峰，他深知其重要性，爭取考古學家尚・克拉茲（Jean Clottes）的協助，克拉茲是法國史前藝術的領導權威。

克拉茲運用當代放射性碳定年法，推測肖維與其團隊發現的壁畫大約有 30,000 至 32,000 年歷史，成為當時發現最古老的史前藝術作品，但克拉茲更關心畫面手法精細與畫面的安排，還有描繪的動物種類差異。在肖維與其團隊發現壁畫以前，長久以來理論認為史前洞窟壁畫的目的和功能聚焦在史前人類的殘酷，那些裝飾用的繪畫代表最早獵人和採集者的經驗，傳統上動物的描繪在史前族群是畫面主宰，不是食物就是令人懼怕的動物。但是肖維石窟的壁畫描繪的動物範圍廣大，許多像是獅子、犀牛、洞熊不曾被當作捕食動物獵殺，更確切來說早期人類畏懼或崇拜這些動物。

洞窟裡有超過四十隻洞熊的骨骸（這種洞熊約在 12,000 年前滅絕），同時發現許多腳印、抓痕和凹陷，克拉茲認為熊曾經利用洞窟棲息，其中一個特別迷人的特色是主要石室遺留了壁爐的證據，並有泥土土墩，上面放著熊的頭骨，擺

放方式顯然具有象徵意義，就像塑造祭壇。克拉茲得到結論認為紅黑兩種壁畫分屬兩個不同時期，在舊石器時代文化後期約西元前 40,000 至 30,000 年前奧瑞納文化（Aurignacian），人類住在洞窟裡時創造了大部分藝術作品。其他像是火炬焚燒的痕跡、額外的黑炭裝飾與完整保存的孩童足跡等相關印記，則是在格拉維特文化（Gravettian）後期約西元前 30,000 至 20,000 年完成。原始居民（和藝術家）可能拋棄這個洞窟，約 5,000 年後被不同種族重新發現。第二批住進洞窟群的居民大概敬畏洞窟裡發現的一切，可能將這個地方視為神聖並有宗教意義。

　　除此之外，許多動物的描繪用的是無數紅色小點與手印，手印是將手壓在牆上並噴上顏料後留下，像是模板印刷或是用染料畫在棕櫚葉上按壓，很像今天小孩子在育兒園或學校畫畫的方式。洞窟中沒有繪製完整人類的形象，但是克拉茲挑出沒有身體的腿與野牛的頭，這兩者特別有意義，有沒有可能洞窟曾用來舉行類似宗教的儀式和慶典？這些類似人身牛頭怪的圖案代表了史前時代的薩滿。1995 年《洛杉磯時報》的採訪中，克拉茲談到自己的理論，認為肖維石窟的壁畫帶有社會背景：

「藝術家來到洞窟後發現許多熊的骨骸，也許他們對骨
骸留下深刻印象，認為石窟充滿熊的靈魂，一個很有力
量的石窟，他們也許認為畫上熊與其他危險的動物能捕
抓動物的靈魂，為自己的生命增加力量。」

隨著洞窟的發現，克拉茲與人類學家大衛・路易斯威廉
斯（David Lewis-Williams）組成團隊。路易斯威廉斯是南非
人類學者，他所支持的觀點並非主流，他認為石窟洞穴具有
象徵意義，不僅僅只是隨意描繪日常經驗。這兩個學者研究
肖維石窟各個圖像的安排與風格，也研究其他與神經心理學
現象、薩滿迷離狀態相關的岩石藝術遺址，1998 年發表《史
前時代的薩滿：洞窟壁畫的迷離與魔法》，書中比較世界各
地原始文化中常見的薩滿教習俗與被當作神聖儀式場所的洞
穴，其中壁畫是膜拜儀式的有力關鍵象徵。這本書一開始受
到學術界高低不一的評價，評論家質疑應用的理論模型本質
非常規，又使用比較與推論代替原始證據，但是懷疑論較淺
的讀者認為克拉茲與路易斯威廉斯的研究雖有缺陷，但是論
證的核心宗旨讓智力探究與討論進入新的領域。

　　毫無疑問，肖維在洞窟壁畫的發現、克拉茲與路易斯威廉斯的研究都是分水嶺，我們對史前藝術、早期人類賦予標誌與符號意義投入的心力等有了新的解讀。

海底「祕密」洞窟

在發現肖維洞窟壁畫之前，「歐洲最古老的藝術作品」這個頭銜屬於科斯奎洞窟（Cosquer），位於法國地中海海岸馬賽附近的茂爾吉烏海灣（Calanque de Morgiou）。

1985年9月專業潛水教練亨利·科斯奎（Henri Cosquer）發現了通向狹長走道的入口，他開始探索這個水下洞窟群，科斯奎陸續探索走道幾次，每次往黑暗的甬道推進更深，最後他來到一個巨大空曠的石室，科斯奎詫異地發現石室位於海平面以上，滿滿都是驚人的鐘乳石結構與霰石水晶。科斯奎因為某些從來沒有解釋過的原因，決定對石室保密，之後他在電視紀錄片中宣稱他覺得這是「他自己的祕密花園」。

然而，石室作為科斯奎私人領土並沒有太久，茂爾吉烏海灣是非常受歡迎的潛水地點，1991年四人一隊

的非職業潛水員在同一個洞窟探索時迷路了，科斯奎被要求加入搜救任務幫忙，但最後只有一個潛水員獲救，科斯奎意識自己祕密花園環境危險，未來可能再發生死亡事件。科斯奎與其他五個有經驗的潛水員再次探訪洞窟，在第二次「非官方」考察中，他發現主石室的牆壁與天花板保存了一系列手印與動物圖像，科斯奎與他的團隊拍下石窟內部的照片與錄像作為證據，但是他們奇蹟似的發現一開始讓科學家非常懷疑，許多人懷疑這是精心設計的騙局，特別是幾個海中生物的圖像和幾個像是魚形狀的圖像。先前海洋生物不常出現在舊石器時代的壁畫，更別說是章魚、企鵝與海豹等科斯奎洞窟獨有的圖像。

1992年法國文化部同意進一步探索洞窟，由洞窟探索專家尚・古登（Jean Courtin）與先前提過的史前學家尚・克拉茲率領科斯奎和一隊熟練的潛水員，使用洞窟取回的樣本進行放射性碳定年法，這個團隊證明了洞窟壁畫真實不假，有些手印可以追溯到至少27,000年前。

　　在這段時間裡，考慮法國拉斯科洞窟（Lascaux）因為引進新鮮空氣，加上數千名遊客的呼氣，造成洞窟壁畫不可修復的破壞，法國政府小心監視科斯奎洞窟的發掘，只對少數以研究為目的的專家發放出入許可，不過洞窟壁畫的保存主要威脅不是過度暴露，而是緩慢上升的海平面，就像在第一個冰河時代結束時洞穴首先被淹沒，隨著全球暖化加速，最後將淹沒全部壁畫，也許這就是為什麼科斯奎寧可將自己的發現永久保密。

羅塞塔石碑

　　拿破崙一世是歐洲歷史上極為重要的人物，一般尊崇他為才華洋溢的軍事戰略家、充滿魅力的將帥以及法律與社會改革者，比較不常聽到的是拿破崙間接影響了聖書體的研究，也就是古埃及使用的標誌與符號系統。

　　1798 年拿破崙仔細考察過埃及，這個任務的主要目標是在中東成立重要軍事據點，試圖破壞英國的區域影響力。不過，除了軍事侵略以外，拿破崙任命不同領域的專家組成團

隊，包括土木工程、製圖學、歷史、藝術和植物學等，詳細
調查埃及的地形、歷史與文化。為什麼拿破崙對古埃及發展
有興趣？原因並不清楚，學者認為拿破崙清楚自己的權力和
重要性，也許對埃及古遠歷史上偉大的統治者感興趣，以及
這些帝王的神格地位，興建的神廟和陵墓既華麗又宏偉。不
管拿破崙著迷的原因如何，他所任命的專家團隊在埃及學領
域有無價的重大發現，調查人員為國王谷陵墓群製作了第一
份詳細的地圖，發現幾個過去一直藏著的新遺址，找出超過
5,000 個古代寶物與工藝品，並為其造冊。

　　一般公認最重要是年輕土木工程師皮埃爾・布夏賀
（Pierre Bouchard）意外的發現，布夏賀當時負責重建亞歷
山卓港（Alexandria）附近小鎮拉希德（Rashid）土耳其堡壘，
即為羅塞塔（Rosetta）。拿破崙希望策略性建立軍事基地，
以尼羅河三角洲出海口為基地，也就是尼羅河與地中海的交
會處，他認為拉希德是完美的地點。在 1799 年七月 15 日開
鑿堡壘地基時，布夏賀偶然看到一塊大花崗岩厚板，上面有
雕刻的文字。身為受過高等教育的一份子，布夏賀注意到上
面的銘文用三種不同的形式書寫，直覺猜想他的發現可能非

羅塞塔石碑用三種不同文字書寫同一段的宣言，對解開埃及聖書體的奧秘至關重要。

常重要，他通知了拿破崙和他的副手將軍傑克弗朗索瓦・門努瓦（Jacques-François Menou）。

　　不久前，拿破崙成立了科學組織，讓他的學者與考察員可以整理集結彼此手上的資料，布夏賀自己運送了現在被稱為羅塞塔石碑的石板到開羅，完成銘刻副本後準備送回法國繼續研究，拿破崙在運送回國前親自檢視了石碑，然後留下門努瓦負責考察任務。

當時法國在埃及的駐外辦事處因英國與鄂圖曼土耳其帝國軍事入侵而受到的威脅劇增，門努瓦和他的軍隊在幾場關鍵戰役落敗，被迫撤出開羅，帶著羅塞塔石碑與其他文物退到亞歷山卓港，又在阿布基爾灣（Abukir Bay）中戰艦遭納爾遜子爵（Lord Nelson）全數殲滅，門努瓦與倖存的法國考察隊被迫投降。羅塞塔石碑與法國發現的其他文物所有權爭議懸而未決，英國指揮官赫利哈欽森將軍（General Hely-Hutchinson）沒入所有物件作為戰利品，而門努瓦宣稱這是法國學者的財產（根據當時的報告，門努瓦甚至宣稱羅塞塔石碑是他個人所有，因為他參與了石碑出土過程）。雖然門努瓦盡其可能討價還價，但是不可否認的是殘存法軍還滯留在埃及，古文物最終交給了英軍，換取法國學者保留原始研究文件的權利。喬治三世命令湯姆金・希爾格羅夫・特納上校（Tomkyns Hilgrove Turner）負責護送羅塞塔石碑到英國，最後成為大英博物館展品。

雖然羅塞塔石碑落入英軍手中，在法國持有期間，法國學者已經將上面的文字內容複製了很多份，石碑的出土、上面的銘刻與拿破崙埃及團隊的研究引發全歐洲的好奇，最後變成誰先破譯文字的比賽，英國埃及學學者同樣複製了銘

刻，並將石膏模型送往牛津、劍橋與愛丁堡大學。

各界一致認為皮埃爾・布夏賀的看法正確，石頭上的銘刻是用了三種不同文字書寫同一段宣言，歐洲各地的學者利用古希臘文破譯上方其他兩種字母，最上方是古埃及聖書體，中間為另一種古埃及字母形式世俗體。然而，破譯的工作最終進行了二十年，一些學者一點一滴極為關鍵的發現，逐一解決謎團的每個部分。

法國學者安東尼・伊薩克・西爾維斯特・薩西（Antoine Isaac Silvestre de Sacy）利用他對世俗體的研究來拆解羅塞塔石碑之謎，他用希臘文書寫的名字比對未知文字，運用理論確認出字母結構，雖然藉由交叉比對得到了一些進度，但卻無法確立字母。瑞典學者大衛・阿克布拉德（David Åkerblad）追隨薩西的方法並更成功，他得出世俗體包含二十九個字母的結論，不過沒有辦法利用這個發現翻譯聖書體。英國古物研究家湯瑪斯・楊（Thomas Young）利用薩西另一個理論，如先前推測一樣，聖書體字符可能是表音而非表徵的象形文字。他小心對照三個版本提到的名字，發現其中互有關連，引導他最後作出結論，聖書體確實是利用語音

拼寫，雖然這是重大的發現，不過對於破譯剩下的標誌系統仍然沒有很大的幫助。

　　1822 年，羅塞塔石碑發現二十三年後，法國學者尚弗朗索瓦・商博良（Jean-François Champollion）發現謎題最後一塊決定性的拼圖，對聖書體的理解有了大幅躍進，商博良與其他埃及學學者連繫，其中一位威廉・約翰・班克（William John Bankes）在埃及神廟中發現其他用世俗體、希臘文與聖書體字母書寫的名字，並複製了銘文寄給商博良，商博良用這些副本比對羅塞塔石碑上的文字，意識到聖書體混合了表音與表徵元素，在接下來的研究中，商博良得以破譯更多聖書體銘刻上的名字與單字，1824 年出版了著作，其中包含第一部聖書體字典與推估的古埃及文文法，他的發現得到豐富的獎賞，包含法國國王路易十八的表彰，並任命他為巴黎羅浮宮埃及博物館館長。

　　商博良的法則讓埃及學者可以翻譯上千條聖書體原文，解開古埃及歷史中一些重大謎團。至今石碑本身仍然是大英博物館中主要展品，目前已經陳列超過兩世紀之久。

羅塞塔石碑到底說了什麼？

　　羅塞塔石碑上的文字又被稱為曼菲斯敕令（Memphis Decree），是法老托勒密五世（Ptolemy V Epiphanes）與埃及神廟的大祭師在西元前196年法老加冕典禮上頒布。托勒密一世曾是亞歷山大大帝手下一名傑出的將軍，在亞歷山大逝世後，繼承了戰士之王統治者之位，開始了長達三世紀的統治，直到西元前30年羅馬入侵後覆滅。托勒密五世在埃及政治與社會劇變時登上王位，他的父親突然離世，而母親在宮中政變時遭到謀殺，留下當時只有六歲的孩子，成為操控國家權勢角力中的一枚棋子。

　　托勒密五世的加冕典禮因為宮中內鬥推遲了好幾年，取得祭司的支持後，他在現今開羅南方約20公里處的古城曼菲斯正式獲得加冕，這是雕刻羅塞塔石碑前一年。羅塞塔石碑是為了鞏固托勒密五世作為神與神聖統治者的崇高地位（埃及法老的先決條件），同時也顯

現大祭師操控政治的熟稔有餘。托勒密王朝統治時，權力中心從曼菲斯移轉到發展中的大城亞歷山卓。托勒密五世需要祭司繼續支持來維持秩序並使手握的王權合法化，作為交換條件，他頒佈了羅賽塔石碑上的法令，給予祭師權利留在他們心靈上的家園曼菲斯（而不是遷往亞歷山卓），同時豁免前任君王對祭師徵稅的一系列法律。

紋章

　　古老的紋章藝術與盾徽組合是最複雜而悠久的符號系統之一，也絕對是寓意最豐富的系統之一。英文中「herald」這個字來自中世紀日爾曼語系「harja-waldaz」，大略可以翻譯為「軍隊司令」，傳令官這個職務負責在敵對的軍事派系之間傳遞信息，為了有效執行任務，必須在戰場上輕易被辨識出來，隨著軍事設備發展，特別是裝甲形式越來越複雜，辨別不同軍事團體聯盟的需求變成當務之急。

英國皇家盾徽有躍立的獅子與神話中的獨角獸作為兩個扶持盾牌的獸型，法文座右銘「honi soit qui mal y pense」意指「心懷邪惡者應要羞愧」。

　　到了十二世紀，紋章也在中世紀錦標賽中成為儀式重點，負責宣告說明參賽者家世，判斷出生時俱有的權利與家譜。隨著時間過去，紋章的責任再次加重，這次是平民貴族（nobilitas minor），位從與騎士和男爵，有權授予、登記並在儀式中正式使用盾徽。

有鑑於盾徽原為戰場上識別所用，盾徽的主要元素是盾牌形狀，傳統上分為幾個部分，並用不同的彩色形狀裝飾，稱為平民盾徽，一般人熟悉的平民盾徽包括不同風格的十字架、水平或斜紋飾帶、直條紋、箭頭和單圈。

從盾牌左上到右下對角的直線授帶或厚直紋稱為斜帶（bend），相反方向為逆斜帶（bend sinister），斜帶常見於軍人的盾牌，因為授帶常代表配飾（baldric），即為軍人肩上的授帶，而授帶也代表梯子，通常用在攻城時丈量城堡大小。十字架一直很受歡迎，紋章的記錄與辭典中可以找出超過一百種十字架變體，最早可回溯至十一世紀末十字軍東征早期。其他知名的平民徽章意義更隱晦，包含箭頭形狀的人字形紋（chevron），通常用來象徵保護，常用於現代軍隊和警察制服，作為軍銜和位階任命。圓形（roundels）原指次平民，通常代表重要性較低的人，雖然圓形盾徽授予的人地位低下，但是仍被視為忠誠、可信賴的家族。

每一個平民盾徽通常都會有象徵的顏色，這些顏色的名字從古法語而來，在十五世紀時納為英國紋章術語。傳統顏

色包括「sable」黑色代表悲痛與慎思、「azure」藍色代表
誠實與忠誠、「gules」紅色代表剛毅與復原、「vert」綠色
代表愛與喜悅。金色與紫色通常代表皇室，也就是榮耀與合
法性。

除了平民盾徽，許多盾型也包含象徵，用紋章的術語來
說是「charges」，也就是物件與動物的圖像。獅子與豹子是
戰場上權力與勇氣的傳統象徵，常見於中世紀紋章圖像。書
冊自然代表智慧與學習，狗則是忠實與忠誠。描繪的動物姿
態可以發現紋章的錯綜複雜，其中組合彷彿永無止盡，每一
種各有傳統關聯。所以，雖然獅子看起來就只是勇敢的象徵，
但也可以傳達許多次要的意思。例如，一頭向前直走的獅子
高高舉起前爪走路，象徵決心與堅定不疑的態度；如果獅子
被描繪為靜止坐姿，頭部轉向觀者，呈現出謹慎與智慧的態
度；一隻躍立的獅子，只用後腿站起，則代表著勇氣。

完整的紋章盾徽通常包含裝飾過的盾牌加上常見元素，
也許是頂飾、頭盔（傳統用於軍事盾徽）、格言或是兩個扶
持盾牌的角色，也就是放在盾牌左右像是拿著盾牌的兩位。

英國皇家盾徽一邊是躍立的獅子（也就是面對正前方的猛獸），另一邊是神話中的獨角獸。

盾徽授予後將登記在倫敦紋章院（College of Arms），每一個新的盾徽都會有一段盾徽說明，被稱為「blazon」，針對圍繞紋章的迷樣複雜後設語言與其傳統，舉個例子來說下面是英國皇家盾徽的正式說明：

四等份，第一與第四部分紅色為三隻舉起前足的獅子，淡金色，爪與舌尖為藍色（象徵英格蘭），第二部分金色為躍立的獅子，置於雙層飾有鳶尾形花紋之雙邊帶紅色紋章 （象徵蘇格蘭），第三部分藍色加上金色豎琴與白弦（象徵愛爾蘭），整體環繞著嘉德勛章飾帶；頂飾為皇家掌管帝王正色皇冠，其上有四足站立的金色獅子，威嚴配戴正色皇冠；披覆金色與貂袍；兩個扶持盾牌的角色，右側為躍立的獅子，和頂飾一樣戴著金色的皇冠；對立面是銀色的獨角獸，正色的爪、鬃毛與蹄與身體不同顏色，脖戴金色頸圈，以有足十字與鳶尾花形組成。另有長鍊穿過前肢之間並繞於背部，同為金色。盾牌底下為格言「Dieu et mon Droit」，並有聯合王國的玫瑰、三葉草、薊花刻於同一花莖。

牛津與劍橋的盾徽

英國兩大相互競爭的傑出學術單位牛津與劍橋大學，悠久精彩的傳統歷史長達數百年，一年一度代表隊間的體育競賽，如板球、橄欖球、足球等競爭激烈，其中角力最盛是泰晤士河賽艇對抗賽，兩方在賽道、場地、河流等原則上公平競爭，但是其中在城市盾徽上劍橋獨佔優勢。

劍橋的盾徽授予於1575年，設計優雅精緻。盾牌形狀以畫謎（rabus）的形式描繪了城市的名字，圖中顯示跨越康河的橋樑與傳統皇家符號鳶尾花和都鐸玫瑰。頂飾為建橋城堡的形式，由威廉一世興建的諾曼防禦工事，類似建築結構留存至今的不多，兩側扶持盾牌的角色則是鍍金的海馬，結合互補的元素與顏色創造出優雅簡潔的設計。

相比之下，牛津的盾徽早於劍橋九年授予，但混

亂和怪異。牛津與劍橋一樣，在盾牌形狀中包含簡單的
畫謎，藏著城市的名字——公牛在淺灘過河，在頂飾描
繪一隻藍色的獅子（藍色？），以站姿呈現並抱著都鐸
玫瑰、頭戴皇冠。盾牌兩側是傳統的扶持角色，右邊是
躍立的藍色大象（又是藍色的？）身戴鐵鍊，看起來穿
著睡衣；左邊是直起的綠色海狸，看起來邪惡，同樣披
戴鐐銬。伊麗莎白一世在1566年皇家拜訪中授予牛津
盾徽，一般認為兩個扶持盾牌的角色是她兩位傑出的幕
僚：大象為總錦尉暨牛津大學高級行政管理人員弗朗
西斯・諾利斯爵士（Sir Francis Knollys）與海狸為牛津
軍旅會指揮瑞寇特的亨利・諾雷思（Henry Norreys of
Rycote）。沒有證據顯示伊麗莎白本人選擇了這個設
計，但是如果真是她親自選的，顯然伊麗莎白相當有幽
默感。盾徽腳註為拉丁文格言「Fortis est Veritas」，意
指「真理是力量」。果真如此，是伊麗莎白，沒錯。

鳶尾花飾

　　鳶尾花飾又稱百合花飾，是中世紀紋章中常見的符號，在法國盾徽中特別重要，這個符號有許多形式，雖然經常與法國有關，但也與古老美索不達米亞和埃及藝術作品和裝飾品中相仿圖騰設計有驚人相似之處。

　　一般認為這個符號本身繪製了盛開的百合花，地面部分是側邊的花瓣從植株中間的花冠脫落。不過，有些學者和植物學家不認為這個設計是從百合花而來，雖然它也叫做百合

花飾，但其實描繪的是鳶尾花，這個理論根據鳶尾花飾也用作法國法蘭克王國的皇室符號，法蘭克王國是遊牧的日耳曼部落後裔，曾在荷蘭盧茨河的鳶尾花河岸定居，這個理論的支持者相信盧茨河之花隨時間流逝與百合花混淆了。

　　無論植物起源如何，最後鳶尾花飾為法國君王盾徽所用，特別與十九世紀早期的查理曼大帝息息相關。原始皇家盾徽是藍色盾牌散落金色鳶尾花飾，但在十四世紀晚期查理五世時，設計簡化成只有三個大型符號，在紋章部分這兩個分歧的設計被稱為古代法蘭西盾徽與現代法蘭西盾徽。

　　1337 年百年戰爭剛開打時，國王愛德華三世將鳶尾花飾用於英國紋章，結合古代法國盾徽的設計與金雀花王朝盾徽，藉此宣告佔領法蘭西王座。直到十九世紀早期，英國君主持續將這個符號納入紋章，而法國的現代法蘭西盾徽則在1789 年法國大革命後用三個顏色取代為皇家王室旗。然而，帶有鳶尾花飾的旗幟仍盛行在深受法國影響的區域，如加拿大魁北克和美國紐奧爾良。

　　在早期基督教意象中，聖潔的百合有時被用來代表聖嬰主耶穌基督，但是到了十三世紀，聖經與宗教文本主要使用鳶尾花作為純真與貞潔的象徵，進而延伸為童貞馬利亞，三朵鳶尾花飾被視為三位一體的象徵，束住三者的中間橫條則代表聖母馬利亞，除了出現在描繪聖母馬利亞的繪畫與彩繪玻璃窗，也用於教宗與樞機主教的盾徽，可能引用早期法蘭克國王的鳶尾花飾，象徵君主神聖的權利和上帝恩賜的靈命守護。

　　現代對鳶尾花飾的使用頻繁又多變，例如其中一版的鳶尾花飾由童軍運動創始人羅伯特‧巴登鮑威爾（Robert Baden-Powell）用於標誌中，而他引自英國陸軍偵察專家的軍徽。鳶尾花飾也用於其他軍事組織，包括現在已經不存在的加拿大遠征隊，這隻戰隊曾參與索姆河戰役；以色列情報部隊也用了鳶尾花飾。因為佛羅倫斯、義大利與紐奧良的盾徽中曾出現鳶尾花飾，所以鳶尾花飾成為義大利甲級聯賽足球隊費倫天拿足球會（ACF Fiorentina）、美國國家美式足球聯盟紐奧良聖徒隊的官方徽章。

紐奧良聖徒隊四分衛朱‧布里斯（Drew Brees）在 2011 年十月美式橄欖球賽中，穿戴團隊標誌鳶尾花飾。

卡崔娜颶風與團結符號

2005年八月卡崔娜颶風重創美國南方時，紐奧良首當其衝，洪水沖毀城市的堤防，城市有八成泡在水裡，僅僅紐奧良地區就有近1,500人喪生，成千上萬的人因颶風肆虐無家可歸。

許多失去家園的人在紐奧良聖徒隊主場超級巨蛋暫時棲身，儘管這座美式足球場本身同樣因暴風嚴重受損，估計還是收容了多達20,000名受災戶。超級巨蛋和臨時居民的困境變成紐奧良人民面對逆境重振與毅力的象徵，在卡崔娜颶風過後，許多倖存者設計了刺青，將災難發生的日期8／29與紐奧良的象徵鳶尾花飾結合，紀念亡者並為城市重生聲援，表達出堅毅的勇氣。

第二部分

意識形態、身份認同與所有權符號

「符號中有隱藏的事物也有昭顯的真相，無處不在，透過沈默或透過演說結合二者產生雙重意義。我們可稱之為符號的符號中，或多或少都獨特而直接，有些代表了無限並揭示了無限。無限是為了協調有限而存在，為可視而存在，也為便於獲取而存在。結果透過符號人類受引導也受命令，成就幸福也落入不幸。」

──────── 湯瑪斯‧卡萊爾（Thomas Carlyle）

這個章節要討論通用識別符號，這些符號已經與人類意識形態與身份認同緊緊相連，無論是好是壞。雖然很多符號與歷史事件牢不可分，包含卍字、鎚子與鐮刀，但這些符號的起源不一定清楚。

其他主宰現代流行文化的符號，像是笑臉、愛心，似乎偏離了自身的概念與原本的意義，未來世代與文化極有可能重新挪用並重新定義這些符號，以符合人們改變後所傳達的內容。

陰陽

　　陰陽符號又稱為太極符號，最早起源於中國道教。這個代表性的符號包含一個圓圈，劃分成兩個眼淚形狀的半圓，一黑一白，每個中間都包含相反色的小點。在道教的教導中，認為這個永恆、旋轉的對立圓圈象徵道，自然界與靈界中萬物的統一，採用明暗融合表達相反事物的共生依賴。深色一面是陰，代表陰性，象徵寒冷與被動、月亮與夜晚；淺色一面陽，代表陽性，象徵炎熱、行動與運動、太陽與白晝。這些點表明如果不借助另一方的力量，每一個對立的力量都不

可能存在，這種相互關係對平衡與和諧不可或缺。

　　陰陽符號被大眾文化納入，維持對立面和諧的中心思想，延伸到健康、療癒、飲食與工作生活的平衡等領域。這種哲學同時也是中國料理的主要關鍵，為了完成一道菜或一頓飯，一定要平衡調味與食材，從這方面看來，陽與陰分別代表溫與熱的陽性食物，像是辛香料，以及涼與潤的陰性食

陰與陽背後的哲學是對立面的共生依賴，現代這樣的哲學應用到各種事情上，從中式料理到風水。

物，像是水果和蔬菜。從營養學的觀點來看，陽性代表碳水化合物，陰性代表維他命與礦物質。

　　一般認為陰與陽源自孔子教導以及山陰與山陽的寓言，也許孔子只是很詩意的表達了對宇宙、對我們存在的優雅觀點，而非囊括一切的生活信條。但是陰與陽經常被西方新時代哲學（New Age）挪用，不論好壞，特別是自我成長與非主流生活風格的理論。原則上，問題和困境都是源自對立面不和諧所產生的，這種假設雖然簡單但聽起來還算合理，將陰與陽套入現代社會的狀況後反而變得更加錯綜複雜，但含混不清的其實是尋求和諧的方法。

三個主要宗教與其符號

基督教十字架

基督教中的十字架是人類歷史中最似是而非的符號，同時展現主耶穌基督的死亡與榮耀的復活，用來提醒基督徒受難之餘還有盼望。

不同形式的簡單十字造型不斷出現在符號的歷史上，有一點可以確定的是我們現在已經知道在基督受難

前基督徒早已存在，與其相關的古老符號包含埃及生命之符和原始的卍字，就連十字架廣泛為基督徒所接受，也是耶穌受難後三世紀才發生：直到第一任羅馬皇帝君士坦丁一世歸信基督教，在西元337年出於尊重基督受難，廢止將人釘死於十字架的酷刑，十字架才從刑具變成可被接受的崇拜符號。

直到西元六世紀才出現「crucifix」這個字來表示基督受難，具體重現了耶穌釘死在十字架上的場景（典出拉丁文「cruci fixus」，意指固定在十字架上）。

新月星

　　不像其他宗教，伊斯蘭教沒有正式的符號，因為教義反對宗教聖像與象徵。不過，傳統上仍有一些視覺圖像與伊斯蘭相關，包含綠色（在古蘭經中特別重要）與阿拉伯文字中的安拉，新月星大概是最為人所知的伊斯蘭符號。

　　就像是基督教的十字架，新月星早在與現在宗教連結之前就已經存在了，史前文物中發現這個符號在古代摩押人、蘇美人、帕提亞與巴比倫文明特別重要，以上都是我們現在稱呼的中東地區。在蘇美人神話中，最早可回推到西元四千年前，新月代表月神，星星則是愛與繁衍的符號，到了羅馬時代，這個標誌與現今的伊斯坦堡拜占庭有特殊連結，在十四世紀時十字軍東征時期用於穆斯林軍隊的旗幟上。

　　1453年起新月符號是鄂圖曼帝國旗幟上的主角，直到1923年鄂圖曼帝國瓦解，星星是十九世紀後才加上的。直到現代以穆斯林佔絕大多數國家的國旗上，仍

有不少出現了完整的新月星符號，包含土耳其、巴基斯坦、阿爾及利亞與利比亞。

大衛星

　　大衛星，即為六個角的星星或稱六芒星，是在七世紀之後才廣為用於猶太信仰的符號，雖然在此之前已經被猶太團體使用了六世紀之久。星星就像十字架一樣，經常出現在宗教符號體系中，並一樣可以有非常不同的含義。五芒星或稱五角星傳統認為不是與共濟會有關，就是與多神信仰有所連結。

　　大衛星源自大衛之盾的中世紀思想，大衛之盾是神的另一個名字，在十四世紀時出現在布拉格猶太社區的旗幟上，並與所羅門封印密切相關，所羅門封印是圓圈內有一朵六芒星，也出現在同樣的旗幟上。在1930年代德國的大衛之星成為迫害的象徵，所有猶太人被迫穿戴大衛之星，然而二次世界大戰之後，大衛之星重返榮耀變成以色列國旗上的中心標識。

大衛之星曾被用為壓迫的符號，在 1930 年代到 1940 年代之間，作為反閃米特宗教服飾標章，強迫數百萬名猶太人穿戴。

愛心

　　愛心是世界各地文化與信仰體系中不可或缺的符號，是多個時代宗教意象的中心，也是情人節卡片上象徵真愛不變的圖像，大量出現在各種事物上，從撲克牌到Ｔ恤「我 ♥ 紐約」，甚至有自己的快捷鍵：<3。但是對人體生物學稍有了解的話，就會知道從解剖學的觀點來看這個鼓澎澎的血紅色愛心很有缺陷，跟我們每個人體內的真實器官相似度模糊，為什麼？

　　其中一個解釋可回溯到古埃及的圖像學，代表心臟的象形文字是花瓶形狀帶有短短突出的手把，象徵動脈與靜脈，埃及人對於生理或精神健康都將心臟視為中心，製作木乃伊的時候雖然將所有維生臟器都移除，但是把心臟留在身體裡，因為埃及人的信仰中相信埃及眾神用心臟決定一個人死後的命運，為了進入天堂與和平樂土，地下世界的守護者阿努比斯帶領亡者到瑪特女神之殿，那裡有神聖的公義天平，人類的心臟將與羽毛一同擺上天平測量，如果亡者善良、正直和純潔，心臟將與羽毛等重。而在天平的底下有瑪特女神的寵物阿穆特，阿穆特在埃及圖像學中代表令人膽寒像狗一樣的惡魔，任何比羽毛更重的心臟，將因為自身的虛謊和罪惡遭饑餓的野獸吞噬。

　　扣除這個貪婪的惡魔以外，這世上還有許多其他宗教將心臟與神國並列。在猶太教中，作為象徵與至聖所相關，耶路撒冷神殿的心臟地帶是約櫃（Ark of the Covenant）理應存放的地點，而約櫃即是猶太信仰心臟的延伸。在基督教圖像學中心臟同樣常見，最知名的概念是聖心：主耶穌的心臟，代表他對人類的愛，從中世紀開始繪畫與彩繪玻璃窗中聖心

的描繪會以荊棘或鎖鏈圍困，並發散歡騰的金色光芒，放置在十字標誌底下。天主教教堂上這個圖像是起源於貞女瑪加利大（Saint Marguerite Marie Alacoque）夢中所見，也就是現代情人愛心的前驅，貞女瑪加利大是十七世紀法國修女，主耶穌向她顯現並告訴她將頭靠在他的心上，因此貞女瑪加利大能學習主耶穌的良善與奉獻。

除了宗教，我們熟知的經典愛心影像最早在 1400 年代開始出現在法國撲克牌上。也就是說愛心作為真愛的象徵出現在卡片與信件上，雖然是維多利亞時代英格蘭的產物，但中世紀開始愛人間已經開始交換情人節的信息。

關於愛心變成浪漫符號真正起源於何仍存在著爭議，一些學者認為現在已經絕跡的羅盤草，古人曾廣泛作為藥用，主要用於節育，其種子有心型形狀。在遭蒙厄運的龐貝城妓院門口發現了心型符號，加強了心型與愛情行為之間的關聯。由此可以推斷也許在壓抑的維多利亞時代，用心型表達愛與激情已經很普遍了，心型當作性渴望迂迴的象徵。

描繪耶穌聖心的彩繪玻璃窗

我♥紐約

　　愛心符號最獨特也最容易辨識的用途之一，可以在紐約市旅遊紀念品標誌上找到，這個經典的設計、現代的畫謎由字母「I」與心型符號組成，紐約的首字母大寫放在其下，使用經典的字型「American Typewriter」。

「我 ♥ 紐約」的圖標已經從行銷口號變成人人喜愛的團結象徵。

1977年七月紐約大停電之後，導致整個城市陷入大規模搶劫與暴動，紐約商務局副部長威廉‧道爾（William S. Doyle）突發靈感計劃讓城市更團結，推動正面的形象。道爾任用廣告公司威爾斯‧理奇‧格林（Wells Rich Greene）開發行銷企劃，不僅僅針對紐約市，包含整個紐約州。威爾斯‧理奇‧格林徵用在紐約出生長大才華洋溢的平面設計師米爾頓‧葛雷瑟（Milton Glaser）開發企劃的商標。葛雷瑟在加拿大度假時曾看過蒙特婁廣播電台在汽車保險桿用的宣傳貼紙，從中獲得靈感完成圖標設計，葛雷瑟知道紐約也是「有愛心的城市。」

葛雷瑟的設計馬上成功，迅速出現在現在已經成為經典的白色 T 恤與其他紀念品上，成為城市永久的象徵，與自由女神或帝國大廈一樣受歡迎。米爾頓‧葛雷瑟的原始設計草圖與提案板現在是紐約現代藝術博物館永久館藏。

在911事件之後，面對逆境紐約再一次意識自己需要統一與力量的象徵，葛雷瑟制作了新版本的商標，重現原始的「我♥紐約」影像，但是增加「更勝以往」的文案，愛心一角則多了小黑點。

卍字符

　　卍字符是近代人類歷史上最爭議的圖示之一，事實上這個符號已經使用超過三千年，來自古城特洛伊（今日土耳其）的手工藝品如陶器和錢幣顯示最早在西元前 1000 年這個符號就已經很普遍了，這個符號慢慢被世界各地許多文化吸收，包含中國、日本、印度、美國原住民與歐洲，分別象徵太陽、雷電、基督教十字架與鍊金術。

　　這個符號與東南亞文化的連結特別強烈，卍字符反覆出

現，最常見是用為幸運符，直到今日仍存在印度教、佛教與
祆教信仰中，僅在政治活動中偶爾遭禁用。

　　當然，卍字符在近代西方文化特別出名，因為與希特勒
納粹黨和二次世界大戰恐怖事件緊緊相關。有些歷史學家試

香港佛教西方寺花園裝飾用的卍字符。

圖為後代重新恢復卍字符本來的意思，但卍字符古老的用途已經被納粹獨佔，哪怕其實直到今日卍字符仍是芬蘭總統象徵的一部分，雖然卍字符主題各有變化，版本也有三橫或五橫不同，都因與經典的四橫卍字符相關而遭污名。不可避免，這個符號和從這個符號延伸的其他符號，已經被極右翼極端主義採用，如尤金・特雷布蘭奇（Eugène Terre'Blanche）在南非發起的反白種阿非利卡人抵抗運動（Afrikaner Resistance Movement）。

　　二次世界大戰足以成為我們的文化意識中關鍵事件，而卍字符是最強大、最可怕的象徵，不過早在 1930 年代希特勒尚未崛起掌權，卍字符就已經可以激起激進民族主義的愛國情操。例如在 19 世紀時，德國周邊的國家越來越強大形成版圖遼闊的帝國，而德國自己直到 1871 年都是組織鬆散的聯邦國，為了對抗脆弱感並培養文化統一意識，中世紀德國民族主義開始使用這個符號作為日耳曼優勢的象徵，這是受到考古學家的鼓勵，大幅強化信仰，滿足當時「純種印歐血統」的種族與意識形態流行。果然，到了十九世紀末，人民運動（völkisch movement）的出版品上可以找到卍字符，

1943 年第三帝國的郵票，顯示納粹挪用卍字符用於政權，偏離符號原本的意思。

成為讓德國民族主義更為傳奇的手段之一。早在此之前，
這是德國民族主義常用的符號，可以在許多地方發現，從
德國青年運動（Wandervögel movement）到德國體育隊的象
徵，用來裝飾神祕學學者蘭茲·馮·利本菲爾斯（Lanz von
Liebenfels）反閃米特雜誌《歐斯塔拉 Ostara》，也用於在自
由軍團（Freikorps）不同分支單位，並且是圖勒會（Thule
Society）的商標，而這個理應是「德國古代研究讀書會」的
團體實則有神祕主義傾向。

　　直到二次世界大戰爆發，卍字符才產生了現在廣為人知的邪惡意義，事實上在 1930 年代晚期英國和美國的百代新聞社（Pathé）紀錄片，某種程度揚棄了頌讚當時德國呈現的威嚴與秩序，卍字符便是將一切綁在一起的樞紐。現在看來 1938 年希特勒成為當年時代雜誌年度風雲人物讓人難以置信，但是至少最初德國卍字符確認了一個國家的復甦，儘管是向納粹祝賀，但當時俗稱「聯合傑克」的英國米字旗在印度次大陸造成的危害，與之相比也不惶多讓。

　　但是，為何選擇這個符號？為什麼是古老的卍字符？而不是一個圓圈？或是希特勒在便條紙上的塗鴉？還是從《我的奮鬥》初版手稿的頁緣找出有回顧意義的圖像？事實上，希特勒的確在《我的奮鬥》的空白處塗塗抹抹，尋找符號挑選的靈感，雖然他歸功於圖勒會成員牙醫師弗里德里希．柯隆（Friedrich Krohn）的推薦而採用了最終設計，同時地緣政治學者卡爾．豪斯霍弗爾（Karl Haushofer）給希特勒靈感，灌輸卍字符新的意義與歷史「真實性」。卍字符經典的配色是延續至今日的典型日耳曼風格：白色代表民族主義、紅色代表新信條的社會層面、交叉的部分本身代表了奮鬥。

　　然而，解開希特勒如何借用了卍字符之後，也有必要解除一切與納粹相關的臆測，這些胡說八道根本只是事後推測或是純粹猜臆。舉例來說，有人說希特勒主義者尤妮蒂‧米特福德（Unity Mitford）給了元首使用卍字符的靈感，因為尤妮蒂的父親曾在加拿大同名礦區待過幾年，但是事實上日期根本毫無關聯。更合理的解釋希特勒樂意接受這個符號，有一部分源自他自己忘了一半的記憶，希特勒青年時代曾到過奧地利蘭巴赫修道院（Lambach monastery），修道院的巴洛克風格上有卍字符雕刻，今日仍可見，這承蒙於修道院院長堤歐德里‧哈根（Theodrich Hagn）曾在遠東宗教修道院待過一段時間，院長哈根還將自己與修道院的首字母刻在建築物附近（THLA），有些理論家從「A」與「H」中引申出前兆，但便宜行事拋下其他字母不理。

　　今日這個符號暗指什麼，或這個符號的接受度如何，大多取決於情境。本質上這是幾何符號，可能是遠古時代無聊的穴居人隨手亂畫，或是更無聊的男學生塗鴉，已經與古代無關。技術層面來說，這是不規則的二十邊形，或是兩個十面多邊形，但依照旋轉的角度不同、旋轉方向不同、每個

「鉤」（saustika）的方向不同等有隱晦含義。「經典」的納粹符號一般旋轉 45 度角，似乎僅出於美學考量。這是冷酷、尖銳，且如前所述配色採傳統日耳曼配色，與印度排燈節時印度教青年畫在額頭上的深紅色圖案不同，那是為了祈求好運；也與大不列顛彩繪玻璃底下的不同，那些符號更常被稱為「fylfot」。有些文化卍字符採順時針方向或逆時針方向（sauvastika），歷史上有不同意義。順時針方向的卍字符象徵健康與活力，逆時針方向的卍字符象徵厄運與不幸。自從納粹採用順時針方向的卍字符後，人們試圖區分符號的兩個方向，順時針的納粹版本意指仇恨與死亡，而逆時針的版本則保留古老的意義，代表生命與好運。

根據公法，戰後德國法律禁止任何形式或方式展示卍字符，即便是諷刺或用在反納粹政治聲明。T 恤或保險桿貼紙等消費產品，如果包含任何符號的描述會遭沒收。雖然許多德國人將展示卍字符視同展示美國邦聯旗，其他人則擔心這將使國家歷史上黑暗但嚴峻的重要時期有效洗白，認為承認邪惡的象徵將成為削弱其力量的關鍵。

一次世界大戰債券計劃的有趣事件

　　第二次世界大戰之前，卍字符流動的性質有個諷刺的實例，英國國家儲蓄委員會使用卍字符作為第一次世界大戰中戰爭債券計劃的符號，捐款將在配給卷上獲得卍字符標章，保存良好的配給卷在eBay上現在可以賣到200英鎊。這個期間許多戰爭債券海報畫著英國特有的戰爭感懷，幫助老弱殘廢的圖像搭配以現在眼光看來無疑是納粹的徽章，這些海報很容易找到，但是看起來很有趣，親愛的老奶奶坐在搖椅上為軍隊織毛線，旁邊卻有令人厭惡的卍字符。

鎚子與鐮刀

　　除了卍字符與和平符號，鎚子與鐮刀是二十世紀最持久
的政治和意識形態象徵之一。但不像其他兩個符號，鎚子與
鐮刀設計的起源，特別是設計師的身份仍不清楚。

　　看起來鎚子與鐮刀似乎借用了早期符號犁上交叉放著鎚
子，這是歷史上 1917 年布爾什維克（Bolsheviks）革命前俄
羅斯省會紋章的特色。十七世紀末，彼得大帝開始建立核發
徽章的註冊，將俄羅斯拉到與西歐列強同一陣線上，雖然這

個系統相對之下仍沒有紀律且界定不明。但這個系統確實催生了彼得大帝王朝徽章，也就是羅曼諾夫王朝，獨特的雙頭鷹成為接下來兩世紀俄羅斯帝國的標準符號。

但在 1917 年革命後，布爾什維克面臨兩難：要如何處理無所不在的帝制象徵？在革命的最後幾天，過度激昂的暴民拆毀帝國的圖像、搗毀過去君王的雕像、掠奪博物館與宮殿、從國家機構的門牆上撕下銘牌與徽章等已成為常見行為。作家暨革命家盧那察爾斯基（Anatoly Lunarcharsky），也是新任命的人民教育委員長（Commissar of Enlightenment），對大規模蓄意破壞國家歷史遺跡感到氣餒，遊說新的領導人列寧採取措施遏制毀壞。盧那察爾斯基在西方受教育，雖然擁有強烈馬克思主義的革命理想，終究他是精通藝術的文化人，憎惡暴力破壞俄羅斯過往帝制留下的文化建築成就 。

列寧即時展開「紀念宣傳計劃」，將推倒的雕像有系統換成頌揚社會與政治激進份子與革命英雄的紀念碑和雕像，原本懸掛雙頭鷹的地方則出現共產黨的五角星。

　　1918 年盧那察爾斯基在列寧的建議下，為藝術家與設計師開立競賽創建新俄羅斯的新符號，比賽是設計一面旗幟、紋章與國家官方印章，競賽的規則指出：「作品組成必須有元素象徵共和國屬於工人和耕農，也就是包含他們工作的工具。」

蘇聯國旗的鎚子與鐮刀不僅象徵國家，同時象徵冷戰時期藐視西方的東方集團，1963 年羅馬尼亞郵票上太空人加加林（Yuri Gagarin）肖像背後驕傲地飄揚著這面國旗。

次年，人民委員會召開會議審議遞交提案，原始獲勝的設計包含紅色背景上冉冉升起的太陽光芒，被麥捆圍繞，中間並有交叉的鎚子與鐮刀，底下有一把向上指的劍。雖然列寧對劍有第二種想法，不過看到修改後的國家官方印章很快就打消念頭，新的國家官方印章主要組成是鎚子與鐮刀，在俄羅斯這個組合要反過來說「鐮刀與鎚子」，完美符合列寧與盧那察爾斯基為競賽列下的標準：「鎚子象徵了工人階級城市無產階級，而鐮刀象徵了農村無產階級。」

這個象徵很快用到布爾什維克的宣傳，並在 1919 年五一慶祝活動中的橫幅與街頭藝術中特別強調，鎚子與鐮刀最終取代了舊政權所有符號，出現在所有國家文件、貨幣與王位標誌上，1923 蘇聯採用這個符號作為正式旗幟，直到 1991 年蘇聯解體。

關於國旗「作者」身份問題目前尚不清楚，歷史學家提出許多可能人選，所有與早期布爾什維克政權有緊密連結的藝術家，包含平面藝術家與陶瓷家切霍寧（Sergey Chekhonin）、社會現實主義傳統畫家轉型為街頭藝術家與

舞台設計師肯叟更（Evgeny Kamzolkin）、為列寧紀念宣傳
計劃製作許多雕像的雕塑家安德烈耶夫（Nikolay Andreyev）
等。由於沒有確切的證據證明鎚子與鐮刀的象徵出自其中一
位設計師，很可能是列寧與盧那察爾斯基指導的藝術家委員
會創造然後細修完成的。

　　在後蘇聯時代，鎚子與鐮刀的符號變成極權主義政權與
共產主義無限上綱的代表，雖然世界上某些地區仍是工人革
命的象徵（特別是中國），這個符號更常在假冒懷舊的流行
物件上看到，像是Ｔ恤、徽章、棒球帽等等，對馬克斯與恩
格斯的革命理論不甚了解或是抱持贊同的人才會去穿。

鎚子與鐮刀的非洲變異

使用鎚子與鐮刀作為工人鬥爭的代表，已被其他共產主義國家或是共產主義思想的政權接納採用，特別是在非洲。

例如安哥拉的國旗使用交錯的砍刀與新月形齒輪，砍刀象徵農村的農民，齒輪代表城市的工廠工人。與傳統使用工人的裝備與工具作為象徵背道而馳，莫桑比克的國旗特色是使用農用鋤頭與AK-47步槍和刺刀交錯，加上黃色馬克斯風格的五角星作為背景。另一方面，剛果人民共和國的國旗表現採用比較傳統的做法，共產主義風格的紅色背景，花圈內放上鎚子與鋤頭，不過1991年推翻馬克斯列寧主義政府後，剛果共和國新風格採用更簡單的三條旗。

愛爾蘭的三葉草與四葉草

　　傳統上三葉草（shamrock）與天主教聖人聖博德（St. Patrick）有關，也因此與愛爾蘭有關。根據一些傳說，聖博德用三葉草作為基督教三位一體的象徵，但這些傳說只能追溯到十八世紀早期。這三片葉子也象徵了聖經哥林多前書 13 章 13 節中發現的三種神學美德：信望愛。看來三葉草與宗教的連結比起聖博德早了一些。

　　古凱爾特人也崇敬三葉草，因為葉子三片一組，古凱爾

特人對自己與自然的關係有深刻的了解，加上無數強大的宗
教信仰與科學信仰三者成一組，如同我們在凱爾特人編織作
品看到各式各樣的範例如三螺旋、三漩渦、三角圖或凱爾特
神話中的德魯伊印記（Druids）等等。

　　從比較世俗的層面來看，三葉草被當作牲畜永續的食物
來源，三葉草多產、威脅低，德魯伊認為三葉草超凡的生命
力是神聖的象徵，因此用三葉草來代表生命本身。

　　「shamrock」這個字來自愛爾蘭夏季植物「seamrog」，
而「seamrog」是愛爾蘭語稱呼三葉草「seamair」的暱稱。
愛爾蘭關於三葉草的傳說指向各種神祕的力量，據說三葉草
的葉子直立是警告暴風將臨，此外傳說中三葉草可拯救蠍子
的蜇傷或被蛇的咬傷。根據十八世紀時愛爾蘭聖博德相關傳
說，不難理解三葉草為何成為公認的愛爾蘭符號，雖然愛爾
蘭國家象徵仍然是豎琴，不過三葉草是愛爾蘭所有事物主要
符號。常用在愛爾蘭運動隊伍徽章，跨文化都能接受，用在
北愛爾蘭球隊、愛爾蘭共和國企業，甚至也用在英國軍隊如
愛爾蘭衛隊使用。

十八世紀初三葉草只與聖博德有關，現在卻成為愛爾蘭常見的景象，像是這些華麗的都柏林街燈。

　　更罕見的是四葉草，真正愛爾蘭的幸運符號。人們特別強調四葉草不是三葉草，聖派翠克節大概要被漫不經心的麵包師傅和花匠毀了。找到四葉草，特別是不小心找到四葉草，戴上它能為發現的人帶來好運，因為除了象徵信望愛三片葉子之外多出了一片葉子，另一種說法認為四片葉子代表不同的幸運特質：威望、財務、愛情與長壽。

　　四葉草成為象徵性的神話大概可以源自愛爾蘭民間傳說總和說法，從宗教角度來看，可能代表聖博德指定的神聖三位一體，但第四片葉子象徵了人或人性，這第四片葉子的存在就象徵了救贖。

　　四葉草很少見，但並不因此阻止了特別狂熱的收集者，多達 160,000 人，此外好運配息沒有上限，大多數收集者認為如果找到五葉草、六葉草等等會更幸運。幸運草上觀察到最大葉片數從二十一片到二十七片，這些葉片究竟表示什麼或是擁有人哪方面更走運了都不完全清楚，第一次找到五葉草的機率是百萬分之一，找到五片葉子以上的機率更小，我們唯一知道的是若沒有任何超級幸運的園藝家，整個幸運草

傳說完全沒有統計價值。

雖然傳統上三葉草與愛爾蘭密不可分，但是三葉草的出現比一般人認為更加普遍，在南美洲、非洲高海拔地區廣泛生長，加勒比海小島蒙哲臘（Montserrat）護照的特色就是三葉草，因為許多居民原本來自愛爾蘭，當地慶祝也慶祝聖派翠克節，是除了愛爾蘭之外唯一一個把這個節日當作國定假日的國家。

成為世上最幸運的人之戰

根據金氏世界紀錄大全，喬治·卡明斯基（George Kaminski）曾經擁有目前「發現最多四葉草」世界紀錄，到2005年為止他收集了總計72,927株，累積了足夠的「幸運」從經常待的各種最高安全級別監獄搬出，到賓州最低安全級別矯正機構度過他生命中最美好的時光。但很不幸他沒有繼續從幸運草獲得該有的運氣，只能從旁眼看他的紀錄被超越，最終的紀錄比自己創下的

更加倍，也就是160,000株三葉草，由阿拉斯加一名自由自在的退休人員愛德華・馬汀（Edward Martin）創下。

馬汀表示他的好運讓他從好鬥的灰熊與高傲的野麋手中全身而退，他曾在這些動物出沒的天然牧場搜尋。另一方面，卡明斯基在他的假釋官帶領下，接受當地一家報紙採訪，不帶任何諷刺地表示馬汀的運氣完全建立在他有「整個世界可以找三葉草」，不受限各式各樣美國刑罰機構。卡明斯基也許在自我反省時得出結論，當他選擇綁架、敲詐、勒索作為職業時，已經把好運透支光了。

骷髏與叉骨

　　大部分學童都能立刻認出骷髏與叉骨，因為世界通用的海盜標誌海盜旗（Jolly Roger），眾所熟悉的圖片是兩根交叉的骨頭上放著直瞪瞪的人類頭骨，讓人產生野蠻和危險的感覺，同時代表盜賊對江湖道義的理解，海盜也許以惡魔般無法無天聞名，其實還有嚴格的行為準則。「海盜規範」一般認為是葡萄牙海盜巴沙洛繆・波多各（Bartholomew Português）發明，他是真實的「加勒比海盜」，1660 年代讓西班牙海軍艦艇聞之色變，波多各發起一系列「協議條款」

監督手下船員的行為，作為交換則要求以人類頭骨宣示效忠，海盜旗「Jolly Roge」這個字來自法文前身紅美人「Joli Rouge」，事實上原本用途是預警即將襲擊的船隻，有點奇怪的客戶服務，和海盜恐怖的名聲不太符合。

不過，骷髏與叉骨的符號早於海盜幾世紀前出現，在西班牙文化中，骷髏與叉骨符號通常出現在墓地入口，防止邪靈與盜墓者。再往前深究，骷髏與叉骨曾出現在基督和所羅門聖殿貧苦騎士團（The Poor Fellow-Soldiers of Christ and of the Temple of Solomon），更常見的稱呼是聖殿騎士團（Knights Templar），是十二、十三世紀十字軍東征時期活躍的基督教軍團。1312 年聖殿騎士團因為過於強大遭教宗克勉五世（Pope Clement V）解散，聖殿騎士團藉由嚴謹靈活的貿易路線、銀行與其他業務收益建立了與軍事實力同樣可觀的財富。現代共濟會與聖殿騎士會有歷史關聯，共濟會又稱美生會（Mason），奉行的教規背負了聖殿騎士團的儀式與符號結構，放在共濟會會所顯著位置的跟蹤板（tracing board）是一塊用布或木板精心裝飾的物件，上面有骷髏與叉骨的圖像。

　　源自西班牙墓地得來的啟發，現今骷髏與叉骨主要用作毒藥或有毒物質的國際符號，1829 年從紐約州開始後拓展到全球，也用在公共場所標明潛在的致命危險。

骷髏與叉骨這個符號在拉丁美洲通常用在墓地入口，例如阿根廷布宜諾斯艾利斯的瑞可列塔墓園（La Recoleta），保護靈魂免受邪靈與盜墓者侵害。

骷髏師與德國軍事徽標

最近幾世紀以來，骷髏與叉骨在許多國家用作軍事佩章，不過其中最知名是德國。骷髏師的原文「Totenkopf」，字面上的意思即骷髏，就像傳統所知的符號，十八世紀時腓特烈大帝統治時，普魯士軍隊率先採用骷髏師符號，很快成為全部輕騎兵制服的主流，用在束腰外衣當作紋章裝飾，以及稱為「kucsma」的毛皮高帽徽章。

一次世界大戰後這個符號不再使用，直到了1930年代，納粹首領尤利烏斯・施雷克（Julius Schreck）重新拿來當作希特勒私人衛隊（Stabswache）的象徵，後來在二次世界大戰時，幾個武裝黨衛隊裝甲隊（Waffen-SS-Panzer divisions）與納粹德國空軍中隊（Luftwaffe）陸續採用骷髏師符號，在海因里希・希姆萊（Heinrich Himmler）的指示下，這個符號用在鍛造代表非官方軍事獎賞的特別銀戒，授予服務滿三年的武裝黨衛隊。今日

收藏家特別追捧這些道德上顯然很有疑慮的紀念品，每次交易金額的數字都相當可觀。

和平符號

　　二十世紀後半，幾個代表性的符號在國際間認定當作和平符號使用，目前所知的和平標誌本來是 1950 年代英國核裁軍運動初創時的象徵，後來成為反戰運動的通用記號。

　　和平符號首次出現在 1958 年四月著名的奧爾德瑪斯頓和平遊行（Aldermaston Peace March），這個遊行由好幾千名反核運動人士發起，從英國最知名的軍事紀念碑之一特拉法加廣場出發，長達五十二英哩，直抵伯克郡鄉間小鎮

和平符號用在世界各地的抗議事件，圖片中是 2013 年 6 月伊斯坦堡蓋齊公園（Gezi Park），塗滿和平符號的牆面變成抗議事件中多彩繽紛的一部分。

奧爾德瑪斯頓，八年前這個鎮上成立了原子武器研究機構（Atomic Weapons Research）。抗議事件是由一群名為直接行動委員會（Direct Action Committee）的和平主義者發起，

由反戰出版單位《和平新聞 Peace News》的編輯修·布羅克（Hugh Brock）率領，布羅克邀請平面藝術家與織品設計師傑勞德·霍爾通（Gerald Holtom）設計一個與眾不同的符號，為抗議遊行登場前開道，於是霍爾通想出一個簡單的設計，可以輕鬆印在各式各樣不同的布料或媒材上。

霍爾通原本要在圓圈內加上基督教十字作為和平符號，但他請教會成員與遊行支持者提出他們的看法時，遭到兩邊同時反對，他們認為這種設計會讓訊息混淆。

和平符號本身包含兩個基本意思，主要看起來像一個火柴棒小人垂著雙手，做出投降或戰敗的手勢。霍爾通在寫給修·布羅克的信中對自己的符號這樣描述：

「我陷入絕望。深深的絕望。我畫下我自己：一個陷入絕望的人，手掌向上而手臂下垂，就像畫家哥雅的農民站在行刑隊前，我用線條完成圖畫，然後在小人周邊加上一個圈。」

霍爾通所指的畫是哥雅《五月三日槍殺起義者》，他雖然畢業於皇家藝術學院，但記錯了哥雅反戰經典畫作，畫中一名被宣告有罪的男子其實是高舉雙臂，幾乎像質疑與挑釁的手勢。

霍爾通對自己的設計還有第二種解釋，圖中垂下的手臂是綜合字母 N 與 D 的旗語，代表「核裁軍」（Nuclear Disarmament）。

在妻子與兩個女兒的幫忙下，霍爾通印了 500 份暱稱「烏鴉腳站在圓圈裡」的和平符號，張貼在像棒棒糖的棍子上，這是英國孩童上學路上巡邏人員常用的指揮棒，和平符號與指揮棒兩者都有保護未來世代免受傷害的意味，霍爾通喜歡這種的關聯。遊行組織最初預期抗議遊行可以吸引一百名左右積極份子參與，結果卻有超過 10,000 人到特拉法加廣場聚集表示支持，一起加入遊行隊伍走到奧爾德瑪斯頓小鎮。

由於奧爾德瑪斯頓小鎮的遊行在全球曝光，英國核裁

軍運動立刻採用霍爾通的設計作為官方符號，霍爾通的設計快速拓展到不同國家。這個符號不複雜的優雅設計，用起來非常方便，容易畫在牆面上或塗鴉。美國反越戰的抗議人士馬上也用起這個符號，最後變成 1960 年代與 1970 年代反文化團體的圖騰。不過對舊金山海特艾許伯里區（Haight-Ashbury）的嬉皮來說，和平符號代表轟炸廣島與長崎的戰機，也代表了地毯式轟炸越南的 B-52 戰機，結果這個標誌遭到戰爭支持者的嘲笑，右翼基本教派宣稱這個符號具有神祕主義根源，或是暗指對共產主義的同情。（請參見後章《撒旦的符號？》）

　　雖然圖像和圖像的意義遭人試圖抹黑，霍爾通的和平符號始終代表集體異議之聲，反對任何形式的戰爭與迫害。

撒旦的符號？

隨和平符號影響力漸增，試圖破壞其影響力的嘗試中，最大一起發生在1970年代初期美國的保險桿貼紙活動，當時是越戰最後幾年，越來越多反戰運動選擇和平符號作為基本圖案，用在標語牌與橫幅條上，或是音樂節期間噴在福斯露營車上，和平符號無所不在，讓親戰的遊說團體開始擔心，特別是極端保守的施壓團體約翰伯區協會（John Birch Society）。

約翰伯區協會成立於1958年冷戰高度緊張時期，組織由極度反共的偏執狂和極右翼基督教基要派推動。在他們多采多姿的共產主義陰謀論中，認為 1960年代的民權運動就是蘇聯的宣傳運動，飲水加氟則是共產主義密謀毒害美國人。導演史丹利・庫布力克（Stanley Kubrick）在1964年的電影《奇愛博士》有個嘲諷飲水加氟的橋段相當知名。

　　1970年約翰伯區協會期刊《美國意見》六月號，一篇名為《和平符號：奇怪設計背後的真相》的文章，將和平符號與撒旦教連在一起，主張和平符號與古代異教徒符號相似，例如「女巫的腳」（又稱為「烏鴉的腳」），並與神祕主義的逆十字相仿。逆十字源自古羅馬皇帝尼祿對基督徒的刑罰，早期基督教學者亞歷山卓港的俄利根（Origen of Alexandria；西元185-254年）認為聖彼得在古羅馬皇帝尼碌的整肅下遭處決，當時聖彼得自認不配做效基督的死，特別要求倒釘十字架，雖然聖彼得的要求一般被視為基督徒謙卑的標誌，可是神祕主義組織卻經常使用倒置的十字架作為反基督教的象徵。《美國意見》這篇文章抓住和平符號與逆十字外型碰巧相似，宣稱和平運動的圖示證明邪惡的無神論共產主義者企圖腐化美國青年基督教價值觀，文中寫道：

　　「在美國，成千上萬激進的青年舉著一樣的符號遊行，但是這個符號卻被基督教的異教徒視為己有，當作反基督符號，你絕對可以肯定這是共產

黨的計劃。」

　　在這篇文章發佈後幾個月裡，廣告板和保險桿貼紙活動開始擴散，對和平標誌的描述轉了風向，認為和平符號就像轟炸機一樣，還帶有口號寫著「美國弱雞的腳印」，一般認為這些保險桿貼紙是約翰伯區協會製作，當時協會約有100,000名成員。他們是怎麼把懦夫、撒旦教、共產主義宣傳連在一起的還不清楚，但是協會的言論總是前後矛盾這一點相當臭名昭彰，因為約翰伯區協會原本反對越戰的理由其實是......那是共產黨的陰謀。

奧林匹克環

　　現代奧運是法國貴族與知識份子皮埃爾‧德古柏坦爵士（Baron Pierre de Coubertin）的心血結晶，1896 年奧運在雅典初登場，德古柏坦爵士靈感來自將世界各國聚集在一起，夢想重現古老運動比賽的壯觀場景，重振比賽精神，鼓勵不同文化互相了解，同時促進和平與統一。

　　但是直到 1912 年斯德哥爾摩舉辦的第五屆奧運，這個願景第一次實現，由於日本參加有人居住的五大洲才全員到

奧運的圓環設計是用來統一競賽國家所有旗幟，圖中奧運精神紀念碑是蒙特婁奧林匹克體育場的永久設施。

齊。一整個月成功的運動賽事後，女性首次獲許參加游泳與跳水比賽，田徑項目引入電子計時，德古柏坦爵士向國際奧委會成員提交正面回饋的報告時，附上他設計的奧運標誌：五個相互扣住的彩色圓環，象徵五大洲。國際奧委會核准正式採用這個象徵作為奧運官方旗幟。

與一般認為的觀點不同，奧運標誌上的五個顏色不特指哪個大陸洲，相反的在白色背景底下的五個顏色是原始參賽國家旗幟上所用的全部顏色。

諷刺的是 1916 年奧運時，德古柏坦爵士的符號應該華麗初登場，這次奧運卻因為一次世界大戰取消了。1920 年奧運旗幟總算在安特衛普上空飛揚，雖然在同盟國禁令下，奧運創始國德國、奧地利、保加利亞與匈牙利都缺席了。未來奧運還要繼續見證政治爭議，但是直到今日五環標誌仍是世界上最知名的運動象徵，儘管存在爭議、儘管存在衝突，五環標誌仍是一個的大膽提醒，設計者最初是希望用這個標誌反映統一與團結的精神。

奧林匹克圖標

　　越來越多國家加入奧林匹克運動並參加比賽，物流規模開始成為籌辦方新的障礙，最明顯的問題集中在不可避免的語言隔閡，畢竟奧運匯集了世界上大部分國家。不僅是個人溝通問題，同時也有活動溝通問題，每種賽事可能都有數十種不同拼法與寫法，巧妙的解決方法就是開發一套人人都能懂的視覺語言。

　　現在大家都熟悉的奧運賽事代表符號，看起來和奧運五環和燃燒火炬出自同一個符號系統，但是現代奧運的象徵符號大部分其實要歸功於1964年東京奧運幕後平面設計師。

　　1964年奧運日本面臨特別棘手的跨欄賽，請原諒我在這裡用了雙關語，這是日本第一次準備全球賽事，一般認為日本傳統的視覺語言與圖像難以用在其他語言或文化，特別因為日本沒有採用全球倡議的符號系統，

像是1949年日內瓦道路標誌與信號草案,日本就沒有採用。為了克服這個問題,在勝見勝(Masaru Katsumi)率領的平面設計師團隊訂定目標,要創造一套容易辨識的標誌,讓人們普遍都能理解。

　　勝見勝和他的團隊從維也納社會經濟博物館中奧圖‧紐拉特(Otto Neurath)與吉爾德‧阿恩茨(Gerd Arntz)前衛的作品中擷取靈感,紐拉特是著名的政治科學家與哲學家,在1920年末與1930年初,他和視覺藝術團隊共同開發了一套圖像語言,稱為國際文字圖像系統(Isotype),背後的原則是創建視覺語言,利用圖像形式反映社會、科技、生物、歷史等資訊與關聯性;阿恩茨是國際文字圖像系統主導的設計師之一,身為木刻藝術家與插畫家,阿恩茨所做的簡單幾何圖形對平面設計發展有長遠的影響。日本設計師將阿恩茨的圖像原理應用在1964年東京奧運,提出簡潔一致的設計框架,不只展現摩登、便捷的日本,同時為未來奧運籌辦方提供優質創新的基準。

　　1968年墨西哥城奧運時，美國設計師蘭斯·威曼（Lance Wyman）進一步開發奧運的象徵符號，將勝見勝與團隊的基本象徵符號系統，加上墨西哥民間藝術元素和一些1960年代當代流行藝術。

　　威曼接受美國史密森尼雜誌（Smithsonian magazine）訪談時，他回憶說：「我們與勝見勝的圖標最大的不同，東京運動圖標是粗筆圖標，結合人物形象，而我們的運動圖標專注在細節表現，像是運動員身體的一部分或是運動器材的一部分，創造出的圖像類似墨西哥在西班牙殖民前的雕刻文字。我們大量依賴運動圖標，這是跨文化、跨越語言障礙的溝通方式。」

　　威曼的圖標與標誌被認為是現代平面設計的傑作，幫未來的平面藝術家鋪路，進一步開發代表主辦城市歷史與文化的繪圖文字，像是1972年慕尼黑奧運，設計師奧托·艾舍（Otl Aicher）的圖標畫在特別設計的數學網格，有水平與對角線，是德國幾何效率與現代主義的象

徵；2000年雪梨奧運，設計師則將原住民民間藝術的流動性與色彩融入設計中。

笑臉符號

　　黃色笑臉符號從公共關係倡議變成了現代傳播多面向表情符號，這段旅程的故事包含了 1960 年到 1990 年間的大企業、流行文化和非建制觀點，以及一系列嚴重的版權糾紛。

　　「笑臉」故事其中一個版本提到笑臉源自麻州伍斯特市（Worcester），新英格蘭地區人口第二大城，唯一有名的是活動扳手和早餐碎燕麥片發源地。1963 年廣告創意自由工作者哈維・波爾（Harvey Ball）接到伍斯特互助保險公司的委

圖中這張知名的笑臉來自 1999 年的美國郵票，笑臉符號在 1963 年首次問世後，一直有嚴重的著作權爭議。

託設計商標，波爾的雇主擔心近期與競爭的保險公司合併，會對員工的士氣造成負面影響，導致公司客戶減少。據說波爾拿起黑色簽字筆，在一張黃紙上畫了一個簡單的笑臉，這個笑臉代表「微笑服務」的新企業精神，結果每個人都很喜歡。

伍斯特互助保險公司一開始做了 1,000 個圓徽章讓員工

配戴，並分送給客戶，結果活動太成功，他們馬上又訂了
10,000 個徽章，很可惜這家公司沒有意識到新商標的商業潛
能，伍斯特互助保險公司沒有註冊任何專利，波爾本人則在
這個案子收到一次性付款 45 美元，稍後他表示當時他覺得
這個價錢非常好。

　　特殊的黃臉符號雖然沒有受到著作權保護，但顯然已
經引起大眾共鳴，所以不可避免有人會想利用笑臉的商業潛
力。費城一家小型零售公司和幾家禮品店的店主兄弟檔伯納
德和穆雷‧史班（Bernard and Murray Spain），他們主要販
賣新奇的小玩意，像是鑰匙圈、保險桿貼紙、T恤等，1970
年代早期兄弟開始生產圓徽章，主要希望可以打入反越戰和
平運動，他們偶然發現了笑臉符號這個利潤豐厚的商機，徽
章賣到不容小覷的數字後，史班兄弟便將這個圖像註冊著作
權，加上標語「祝你有快樂的一天」，然後發展出所有相關
產品。1973 年，兩兄弟販賣稀奇古怪新奇產品的家族事業已
經成為市價數百萬美元的公司，笑臉出現在所有東西上面，
從午餐盒到四角褲應有盡有。

隨著這個符號成為越戰後美國最無所不在的圖標，第一個關於版權的爭議開始冒出來，法國記者與編輯法蘭克林‧盧弗拉尼（Franklin Loufrani）在《法蘭西晚報》用了笑臉圖標，引導讀者翻開每一期《好感》小故事，盧弗拉尼宣稱早在波爾設計之前，笑臉符號已經進入公共領域，他也強調1948年導演英格瑪‧伯格曼（Ingmar Bergman）的電影《港口的呼喚 Port of call》中已經出現過笑臉符號，1950年代末到1960年代初紐約搖滾電台WMCA則用過笑臉當作宣傳圖片。盧弗拉尼對笑臉符號何時進入公共領域的眾多舉例中，最以假亂真的是法國新石器時代尼姆石窟（Nîmes）裡，也出現一個小小的笑臉雕刻。

1988年盧弗拉尼和兒子尼古拉斯（Nicolas）將笑臉註冊為商標，成立笑臉公司（Smiley Company），該公司現在擁有全球一百多個國家的圖像版權，掌控笑臉圖標的商業用途。設計起源的爭議沒有解決。波爾當然是第一個把圖像用在圓徽章上的人，他的設計和他的說法一致，但是很有可能他先前在什麼地方看過這個圖像。2005年，美國零售巨頭沃爾瑪百貨試圖註冊著作權，劫走這股笑臉浪潮，但是與笑臉

公司展開激烈而漫長的法律糾紛，最後沃爾瑪百貨不得不放棄。

笑臉圖像與流行文化的關聯漫長多變（請見 108 頁流行文化中的笑臉符號），但是廿一世紀笑臉最常出現在表情符號，第一個用電腦字型表現的表情符號是賓州卡內基美隆大學（Carnegie Mellon University）電腦科學家史考特・法爾曼（Scott Fahlman）發明的。

1982 年，法爾曼為他的學生成立一個留言板，建議用倒向的笑臉來標註輕鬆的發帖，這個用法很快在網路上傳開來，倒向的笑臉成為電子郵件、聊天室、公告欄等各種地方的標準符號，並發展出許多變化表達更複雜的情緒，1997 年尼古拉斯・盧弗拉尼試著做出笑臉動圖，彙整成線上表情符號詞庫，包含超過 2,000 筆條目。

手機與其他移動裝置的成長促使笑臉表情符號普及，現在成為全體人類表情的快捷符號，不到五十年，笑臉從簡單的公共關係躍升成有著作權的視覺語言。

大眾文化下的微笑符號

史班兄弟最初採用笑臉標誌賺錢是在胡士托音樂節（Woodstock）「權力歸花兒Flower power」和平運動與反戰示威中，因此笑臉一直與反建制觀點有關。

1979年拼貼藝術家鮑勃・萊斯特（Bob Last）和布魯斯・施萊辛格（Bruce Slesinger）用笑臉符號代替卍字放在甘乃迪已死龐克樂團（Dead Kennedys）專輯《加州高於一切California Über Alles》封面，上頭畫了加州州長傑瑞・布朗（Jerry Brown），在右翼政治集會的講台背後，納粹旗幟上畫了笑臉符號。

1988年英國「第二個愛之夏second summer of love」電音音樂浪潮，笑臉成為迷幻浩斯熱潮的象徵，DJ丹尼・拉普林（Danny Rampling）在倫敦夜店Shoom傳單上使用笑臉作為標誌，幾個月後笑臉變成無所不在的新青年運動符號，出現在Ｔ恤和專輯封面；垃圾搖滾樂

團超脫（Nirvana）在1990年代早期使用笑臉標誌，他們的實驗專輯《婊子搖滾企業Corporate Rock Whore》周邊商品上出現很特別的笑臉，眼睛部分是兩個叉叉，嘴巴還淌著口水。

笑臉也出現在漫畫中，最著名的是漫畫家艾倫·摩爾（Alan Moore）圖像小說《守望者 Watchman》（1987年），其中濺血的笑臉反覆作為主體出現，雖然1970年代這種笑臉早就出現在惡搞雜誌《瘋狂Mad》，DC出版社的漫畫《總統Prez》裡則有戴著這種面具的邪惡幫派份子，名叫笑臉老大（Boss Smiley）。

導演羅勃·辛密克斯（Robert Zemeckis）1994年上映的電影《阿甘正傳》對笑臉符號怎麼來的給了一個詼諧說法，有一個場景與電影同名的主角阿甘臉上濺滿泥巴，一個支持者遞給他黃色T恤擦臉，結果阿甘交還T恤時，不小心把臉印上去變成笑臉標誌。

第三部分

價值、主權
與
匯兌符號

「統治階級不再藉由土地大小或金條多寡衡量自己的財富，而是用某種與利益交換作業完美對應的數字，統治階級注定要在自己的經驗與自己的世界中心設下圈套，所謂建構在符號上的社會，核心概念就是在人造社會中，將人類是血肉做的事實也視為人造物。」

—————— 阿爾貝·卡繆（Albert Camus）

歷史學家對於哪個古代文明「發明」貨幣一直爭辯不休，早期希臘羅馬的硬幣顯示貨幣系統至少早於西元前七世紀存在，雖然在社會或文化方面，以物易物的文化無疑更早出現，而且在載有經濟價值的物體發明後，以物易物仍是常用的交易方式。

　　早期硬幣是用貴金屬金和銀鑄造，這兩種物質擁有永恆的魅力，在人類社會一直具有象徵意義，在經濟上也非常重要。如果像學者常說的古希臘構思出第一個運作良好的金融體系，那麼古希臘人也會是第一個試圖頒發專利與著作權的社會，確認創意屬於誰。也許阿爾貝·卡繆的論點是正確的，社會的建立立基於價值、所有權與交易的標誌與符號，這種交易代替了更自然的兩造同意平等原則。火災保險符號的使用是比較少人知道的故事，同樣放在這個章節，請想像下面情況，要不要進入失火的建築物不是評估潛在風險或危險，而是放在門上的符號……

貨幣符號

英鎊

　　如果你曾經覺得代表英鎊的符號很像花俏的 L，其實你是對的，這個符號正是 L。

　　英鎊起源可回溯到西元八世紀晚期，麥西亞國王奧法（King Offa of Mercia）引進一個貨幣系統，由同時代歐陸的查理曼大帝（Emperor Charlemagne）創建。和查理曼大帝一樣，國王奧法的新系統也是 240 個銀幣等於一磅，查理曼

大帝使用的拉丁文稱一磅為一里拉（libra），從這裡得到縮寫 lb，用來表示幾磅重。當英鎊本身變成貨幣單位，採用里拉的 L 作為符號，英鎊符號上一條或兩條橫槓用來說明這裡的 L 當符號使用，日元的 Y（¥）也是如此。

1967 年蘇格蘭一英鎊鈔票顯示英鎊符號的起源是大寫的 L，取自里拉 Libra。

歐元

　　歐元是世界上最新但最大的貨幣，歐元符號看上去非常直接，事實上有點無聊，不過這個設計一直是一個謎，正確的解答一直保留一定餘地。一開始歐元符號有三十個設計提案，刪減到十個、然後兩個，最終由歐盟委員會作出最後決定，歐盟委員會拒絕公佈其他設計的細節。

　　這個標誌基本上根據歐洲貨幣單位「European Currency」的概念，也就是把字母 C 與字母 E 纏在一起，雖然歐盟委員會在 1996 年推出歐元時，對設計靈感有另一個更異想天開的說法，€ 符號的靈感來自希臘語字母表的第

五個字母，希臘是歐洲文明的搖籃，這個字母也是歐洲的首字母，再加上兩條平行線「證實」歐元的穩定。

想到過去幾年的歐元危機，歐盟委員可能要重新思考一下這兩條平行線。

美元

美元「dollar」這個字可以回溯到十六世紀在小鎮阿希姆斯塔爾（Joachimsthal）鑄造的銀幣，今天這個小鎮位於捷克共和國。銀幣最初被稱為「Joachimsthaler」，或簡稱「thaler」，最後變成了「dollar」。在莎士比亞中可以找到「dollar」這個字代表銀幣的證明，特別是《馬克白》，第一

幕第二場寫道：「洛斯：我們責令（挪威的國王）⋯⋯繳納一萬塊錢充入我們的國庫，否則不許他埋葬他的將士。」雖然這可能是吟遊詩人不小心誤植了年代，因為《馬克白》的設定比「thaler」或「dollar」出現早了好幾世紀。美元的符號還要更晚一點，雖然起源仍不清楚，有許多版本的說法。

其中一個（稍微）流行的理論與美國愛國者有關，有兩條直線貫穿的美元符號從美國「United States」的首字母變化而來，將「U」壓在「S」上，然後「U」的底部融入「S」的線條，完成帶有兩條直線的美元符號。雖然這個理論獲得共和黨自由意志派的美國作家阿蘭德（Ayn Rand）擁護，她在 1957 年小說《阿特拉斯聳聳肩》中寫過美元的標誌，但是理論的合法性還是有些爭議。

一般最能接受的理論是美元符號從西班牙貨幣單位披索「peso」發展而來，隨著征服者到達新大陸而引進。「peso」原始縮寫是單獨存在的 P，加上小寫的 S 附在上方變成「Ps」。隨著時間過去，P 簡化成向下一筆，最後成為只有一筆直線貫穿的美元標誌。

　　雖然大部分人都接受這個解釋，但是仍然無法成立，因為沒辦法解釋兩筆直線的美元符號到底從何而來。其中一個理論也是根據西班牙貨幣單位「peso」破格變化而來，根據地方海盜傳說又稱為「八個里亞爾」，加上代表兩行赫拉克勒斯之柱（Pillars of Hercules）的雕刻，最後變成兩筆貫穿的符號。也就是說在西班牙殖民時期波利維亞波托西（Potosí）鑄造的同樣貨幣，有字母「PTSI」互相疊在一起，作為純度戳記。最後結合的字符組成了現代看到的一筆畫美元符號。

　　從「peso」變化而來的理論都和口語「八個里亞爾」相關，因為一個披索等於八個里亞爾（real）銀幣，披索可以寫成「P8」，或者數字「8」加上兩條貫穿的直線，隨著時間過去簡化數字「8」加上縱向直線。

$ 的奴隸

　　關於美元符號的起源，其中一個理論比較恐怖，認為這個符號可能出自西班牙語的奴隸與釘子，當時運送或監禁奴隸時會用鐵鐐穿過指甲，然後和鐵鍊上的圓環串在一起結成圈。西班牙語中的奴隸是「esclavo」、指甲非常類似是「clavo」，理論表示$是「S-clavo」的縮寫，「S」代表奴隸「esclavo」，向下一筆畫代表貫穿指甲把囚犯串在一起，人口販子用這個來計算監獄裡面的奴隸人數。

　　雖然這個理論聽起來很有道理，帶點黑色幽默，不過在奴隸交易記錄中，沒有確切的證據證明這種做法真實存在。

數學符號

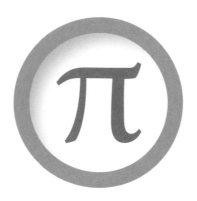

圓周率符號

　　數學中表示相對價值的符號我們都很熟悉，但是很少人知道這些符號確切含義。

　　圓周率符號代表圓圈的周長與直徑相比，從 3.14 開始，著名的除不盡、無循環的數值，符號為「π」，相當於希臘字母中的「p」。但是為什麼用「p」這個字母呢？「π」第一次在語境中當作圓周使用，應當是在 1706 年威爾斯數

學家威廉・瓊斯（William Jones）的著作中，作為圓周的英文「periphery」縮寫。雖然一個世代以前威廉・奧特雷德（William Oughtred）已經使用過這個符號，同樣代表圓周，但使用在不同的數學語境，其他數學家繼續使用非希臘語的「p」或是直接寫出完整單字，直到 1748 年，極具影響力的李歐哈德・尤拉（Leonhard Euler）指出「π」應該要標準化，在《無窮小分析引論》一書中，他說：「為了簡潔起見，我們要把這個數字寫成 π，因此 π 等於半徑為一的圓圈圓周的一半。」

百分比符號

第一眼看到百分比符號會覺得這個符號代表兩個平等

的數值,這點其實很諷刺,因為事實上這個符號代表一方小於另一方的數量。那麼為什麼會有兩個零?(或是手寫時常寫的兩個點)直到十四世紀時,貿易商、會計師、當然還有數學家才習慣用義大利語中「每一百個數量」來代表每一百份的比例,為了節省時間,通常會寫成「per 100」或是「p 100」,「p」加上一橫槓代表這是縮寫,然後在十五世紀早期,證據證明大眾在水平線旁寫上縮寫的「pc」加上右上角縮小的「o」,看起來就像這樣「pc—o」,兩個世紀之後,縮寫消失了,「o」得到另一個同伴,藏在線的下面,完成了現在看到的百分比符號。

＃ 號

　　常見符號在不同語境下意義產生變化不是不常見，但是很少有像「＃」一樣有各式各樣的用法，這個符號的歷史起源難懂又充滿矛盾，「官方」名稱造成進一步的混亂，很多術語都使用這個符號，英文中常見的念法像是「pound sign」、「number sign」、「libra」、「octothorpe」和「hash sign」等，或是大量用於推特的「hashtage」，除此之外電腦程式設計也有許多不同的相關說法。

　　在電信與電腦科技快速發展之前，這個符號通常用來表示數量或重量的單位（這裡指的是「磅」），例如：3# 蘋

果、2# 蕃茄。美國報紙跑馬比賽的結果通常用 # 表示比賽排名，例如：# 1 海餅乾、# 2 戰徽等等，牛津英文辭典認為「pound sign」這個詞最早因為 1920 年代打字機騰打的使用手冊大流行，不過原始出處目前仍不清楚。另一種可能的解釋認為 # 是英鎊的代表符號，在正式縮寫「lb」之外更簡單的標記，這可以解釋為什麼英文中 # 有時會讀成「libra」，「lb」是拉丁文中羅馬重量單位「磅」的標準縮寫。

1960 年代越來越少人用 # 表示重量或是序號，當時正巧是按鍵式電話發明的時候，這時井字符號被貝爾實驗室（Bell Laboratories）的行政人員唐・麥克福森（Don Macpherson）改名為「octothorpe」，他負責訓練明尼蘇達州的診所員工使用新的電話總機系統，這個系統使用新發明的按鈕指令，包含原本叫作「number sign」的 #，麥克福森決定在他的訓練課程中需要為這個符號另外取名字，最後決定稱為「octothorpe」，「octo」字面上是八的意思，大概因為這個符號有八個尖點；除此之外，用「thorpe」作為字根，可能是麥克福森在貝爾實驗室出了名的幽默感，麥克福森工作之餘參加了一場活動，要求歸還美國運動員吉姆・索普

（James Francis〝Jim〞Thorpe）1912 年被追回的奧運金牌。
（請見 127 頁你沒有聽過的偉大運動員）

　　因為貝爾實驗室的訓練手冊與其他公司文件都這麼寫，
「octothorpe」理所當然成為電話鍵盤上 # 的正式名稱，而
科技發展使它成為標準功能指令，不只用在內部電話網絡，
也用在商業公司的自動答錄系統，從語音銀行交易到客戶服
務投訴等等有各式各樣的用法。

　　資訊科技的發展增加了 # 的用法，特別是 UNIX 操作系
統與程式設計語言，像是 Perl 或 C++ 語言，用來執行一系
列函數與命令。網路快速發展進一步增加了這個符號使用的
範疇，原本表示重量或數字的原始用法已經消失了。在推特
或是其他社群媒體網站，這個符號用作描述資料的一部分，
將共享主題的訊息歸組分類，傳達輕鬆的評論或是心情。

你沒有聽過的偉大運動員

許多頂尖運動員專精的運動類型不只一項,其中又以吉姆‧索普的傑出成就超越所有同類型的運動員。

吉姆‧索普1888年出生於印第安領地奧克拉荷馬州,在美國原住民薩克與福克斯(Sac and Fox)部落長大,幼年飽受各種悲慘事件摧殘,母親與雙胞胎兄弟因為肺炎驟世,吉姆‧索普中輟後四處遊蕩當了好幾年農場工人,才進入卡力索印第安人工業學校(Carlisle Indian Industrial School)就讀。在校時,索普傑出的運動能力引起傳奇體育教練波普‧華納(Pop Warner)的注意。

索普早在說服華納讓他參加美式足球之前,在田徑項目就已經有優異的表現。索普強大力量與速度讓他成為超凡的跑衛,拜他所賜,卡力索學校以18比15打敗哈佛大學,贏得1912年全國大學生錦標賽,這場比賽中索

普包辦團隊所有得分。

　　華納鼓勵索普參加美國奧運代表隊選拔，1912年斯德哥爾摩奧運選拔賽上，索普暴風席捲拿下五項全能與十項全能比賽參賽資格，索普成為這些賽事的明星，在兩個不同種類的田徑項目組合比賽拿下金牌，並在跳遠與跳高項目中以極微小差距與獎牌擦身而過，瑞典國王古斯塔夫五世（King Gustav V）在閉幕式頒發獎牌時表示索普是「世界上最偉大的運動員」。

　　雖然索普以民族英雄之姿回到美國，但是他顯著的運動優勢引起右翼媒體的注意，他們對索普美國原住民的背景感到不滿，奧運一年後，一系列報紙文章攻擊索普，指控他違反「只限業餘身份的奧運規則」，索普曾短暫打過小聯盟棒球，主要想在大學暑假期間賺點小錢，索普不知道自己違反了什麼規定。儘管如此，在美國田徑聯盟（American Athletics Union）指示下，國際奧委會剝奪了他的獎牌。

　　索普之後成為職業運動員，職業生涯很是成功，與紐約巨人隊和波士頓勇士隊一起打大聯盟棒球，又為克利夫蘭印地安人隊打美式足球。他甚至有時間在半職業表演賽上加入一支全印地安人球隊出席比賽。

　　索普在1953年過世，享年64歲，世人對他職業生涯的興趣到了1960年代初再次燃起，特別是遭受體育當局嚴苛對待的這一段故事。因為美國總統艾森豪曾在全國大學生錦標賽與索普交手，總統在演講中讚美索普是「全美國有史以來最偉大的運動員」，結果導致民眾發起運動，要求將1912年奧運金牌歸還給索普，活動中貝爾實驗室行政人員麥克福森以索普的名字為小標籤重新命名，使這位偉大運動員永遠被記得。最後，索普去世三十年後，1983年國際奧委會推翻原本的決定，在一場特別儀式上將兩面金牌的復刻品交還給索普的孩子們。

所有權符號

著作權

　　目前普遍使用的著作權符號首次出現在 1909 年美國國
會通過著作權法時，在此之前上一版著作權條款可回溯到
1790 年，一般認為那些著作權法不足因應現代印刷與重製，
1905 年總統羅斯福在國會演講時提議大修著作權法，他也表
示先前的法律「讓法院難以解讀，造成美國著作權局無法管
理」，因此在國會圖書館館長普特南（Herbert Putnam）指
導下，與出版商和藝術家組織進行協商，然後起草著作權法。

　　著作權法的細節中其中一個限制，要求藝術品展示時附上已取得著作權的告示，才能受聯邦法律的保護。已經出版的印刷資料早就包含「受著作權法保護」一詞，或是英文縮寫「copr」，但是新法認為美術作品也需要保護，但是藝術家團體拒絕在畫作上將「著作權」寫在藝術家的簽名底下，折衷辦法是用簡單的符號代替，只要呈現一個 C 加上一個圓圈就好了。一開始只有美術作品允許使用符號，像是畫作，但是法律進一步修改，允許這個符號也可以用在印刷品上，作為普遍通用的符號。

商標

　　品牌標示或商標從羅馬帝國開始使用迄今，鐵匠為羅馬軍隊造劍的時候，會將首字母或是符號刻在武器手柄上，辨別製造者。

　　到了中世紀晚期，歐洲工匠使用貴金屬製作物件時，按法律要求標示使用的原料正確純度，英文中「戳記」這個字「hallmark」出現在 1327 年的章程，由國王愛德華三世授予位於倫敦金匠大廳（Goldsmiths' Hall）的金屬工匠同業公會，即為後來的虔誠金匠公會（Worshipful Company of Goldsmiths），戳記證明物件按照同業公會 925 純銀標準製

作，符號是豹的頭像，一般認為這個圖像是從皇室徽章獲得的靈感。全國上下其他工會開始援用，然後擴展到歐陸，每個同業公會採用獨特的符號或象徵標示原產地與優秀工匠的官方印記。

十八、十九世紀大量生產技術出現，加上工業革命的發展，許多工匠與貿易商開始找方法讓自己的產品與眾不同，標明產品獨特的產地與顯著的品質，許多大公司與全球企業採用了商標，讓人開始擔心商品與製品的仿冒問題。1862 年英國通過立法，保護「商品標示」免受盜用，進一步擴大為 1875 年的商標法，根據這個法律，公司可以向專利局註冊自己的商標。

一般來說，註冊商標用 ® 符號表示，未註冊則使用™標記。

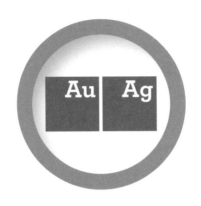

象徵學上的金與銀

　　黃金相對罕見，價值幾乎普遍認可，意味著黃金一般帶有正面的象徵意義，我們用獎牌獎勵運動員，成就最高者可獲得金牌，不僅是因為黃金真正的價值，同時充滿偉大的意味。事實上淺白的英文語境下，有時用黃金「gold」作字首便帶著優越，據說維多利亞·貝克漢（Victoria Beckham）暱稱自己的丈夫大衛為金球「Golden Balls」，或者我們會說依造黃金法則、尊貴的客戶要給予金卡，並用黃金比例對自然常數冠上近似宗教的意義 。

　　作為一種顏色，金色與太陽、各種形式的神、所有國家

的皇室相關；作為一種符號，金色是成功、幸福、友情、歡樂的符號，金色大概是唯一一種沒有負面含義的顏色，除了有點庸俗——金光閃閃，或與非必要消費相關。希臘神話中的米達斯王（King Midas）具有點石成金的能力，凡手摸到的東西都會變成金子，直到今日我們仍用這個寓言形容某人很有「竅門」，雖然這種說法常常帶點忌妒，暗指這個人走大運或是不配得。講述米達斯王的神話時，我們很容易忽略一件事實，米達斯王對自己的好運氣其實高興不了多久，肚子餓的時候要拿吃的，或是想抱自己的孩子時，米達斯王馬上發現事情很不妙，故事細節取決於你讀的是哪個版本，總而言之，米達斯王最後獲得允許可以在帕克托羅斯河（River Pactolus）中洗掉點石成金的能力，這解釋了為什麼這條河中富含沙金。故事中的米達斯王並沒有全身而退，他與阿波羅爭執音樂能力高低，結果耳朵變成了驢子的耳朵。就像另一個神話中的傑森（Jason）也沒有善終，傑森因阿爾戈號（Argonauts）成名，確實抓到了寶貴的金羊毛，但最後卻因為醉倒睡在阿爾戈號船尾時，被腐朽的船身壓死。

金的元素週期表符號是 Au，雖然這不是一個符號，而

是文字描述，按照化學慣例使用拉丁文中的名稱：aurum，字面上的意思是「閃亮的細緻」或「閃亮的黎明」，與太陽相關。金色與太陽的關係在許多古文明中出現，最知名的是十五世紀與十六世紀初南美洲璀璨的印加帝國，印加人崇拜太陽與大量的黃金，當地大量開採黃金加上匹配的金工技巧，讓他們可以在宮殿與寺廟上妝點貴金屬，黃金閃耀反射光芒的天然特質讓印加人深深著迷，他們的精神信仰體系圍繞著日月，對印加人而言，黃金代表太陽的汗水，白銀代表月亮的眼淚（白銀也在當地開採），然而不幸的是在西班牙征服者搜羅新世界財富的步伐踏上南美洲時，正是印加人最迷戀的事物——黃金，造成了印加王朝與文明的毀滅 。

　　白銀一直以來被拿來與黃金相比，白銀與黃金分不開，白銀就像黃金也象徵了許多事物，不過兩者不完全相同，在現代文化中，白銀是「次優」的元素，最典型的例子就是第二名的運動員會拿到銀牌，據說多年來很多銀牌最後都被扔進了奧運會場附近的垃圾桶，或是丟到河裡，還是塞進垃圾車裡，因為選手的怨恨，對他們而言銀牌代表「敗將第一名」。

很久很久以前，黃金一直是人類地位的象徵，傳說中阿爾戈號的傑森為了拿到金羊毛不惜一死，甘冒被人肢解的風險。

　　在民間傳說中，白銀通常暗示毒物與死亡，特別是吸血鬼傳說，用銀十字架驅逐吸血惡魔、用銀彈摧毀狼人等，只有在死亡循環中，白銀才會超越黃金佔有象徵優勢。黃金與太陽相關，所以白銀與月亮相關，也就是與黑夜相關，黑夜帶有神祕與魔力。雖然黃金帶著缺乏節制的含義，在聖經寓言中門徒猶大是收了「三十銀錢」賄賂，三十銀錢成為現代用語，用來形容那些拋棄親愛的人只為了眼前利益，結果最後這些好處根本不值一提，或是用來形容那些為了自己的利益便決定背叛的傢伙。

超越領域的貓王與鋼琴師列勃拉斯

黃金一直以來與古希臘眾神、皇室和統治者相關，許多人透過象徵性佔有黃金使自己的地位合法化，所以自我流派的搖滾之王貓王艾維斯（Elvis Presley）或當代藝人鋼琴演奏家列勃拉斯（Liberace）對所有鍍金、含金的事物流露不可遏制的渴望也不足為奇。

艾維斯眾多黃金相關的收藏中，最知名的是他的註冊商標金色西裝，第一套金色西裝由好萊塢裁縫師紐迪・柯恩（Nudie Cohn）1957年設計，使用Láme 蔥紗面料，這是一種用有彈性、便宜的金屬細絲編紡的布料，艾維斯堅持在西裝結構上使用真金箔，估計成本約美金10,000元（今日約值100,000元）。艾維斯的黃金西裝與罕見的昂貴天文學錶收藏，當然全都含有一定程度的黃金，此外，艾維斯在1965年特別委托凱迪拉克製作帶有黃金配備的名車（如方向盤、保險桿等），並手工塗裝超過四十層金箔烤漆。

　　艾維斯用黃金打造的世界幾乎無一有缺，但是有一個小小的黃金符號，無法用金錢取得，1970年12月21日，艾維斯到白宮會見總統尼克森，三天後艾維斯給總統尼克森發了一封信，表達對總統的支持，並願幫助對抗毒品文化和共產主義思想灌輸（很諷刺因為他本人嗜藥成癮），艾維斯要求為國家服務的機會，出任「聯邦探員」（Federal Agent at Large），不過事實上艾維斯真正的動機是想將著名的美國探員金星徽章拿到手。

　　鋼琴家列勃拉斯是另一位1950、1960年代偉大的美國藝人，談到黃金，自然也是極致浮華不在話下，列勃拉斯對黃金的熱愛延伸到鋼琴，特別是黃金琴鍵，還有鍍金的Bradley GT跑車、無數的金色舞台裝以及最令人震驚的鍍金馬桶，馬桶蓋鑲了18克拉的金幣。

火災保險記號

　　1666 年九月 2 日凌晨在倫敦湯瑪斯・法瑞爾（Thomas Farriner）開的一家小麵包店發生火災，由於強風搧動，火勢很快延燒到整座城市，摧毀了近 13,000 棟房屋與許多重要的公共建築，包括原本的聖保羅大教堂。這場大火被稱為倫敦大火（Great Fire of London）雖然釀災的原因很多，像是易燃的木造房屋蓋得層層疊疊，有關當局未能迅速採取措施控制火勢，甚至沒有訓練有素的團隊救火，應該要有的水線、消防設備通通不夠，無法阻止如此大規模的火勢蔓延。

　　在災難發生以後，各種提議擺上檯面，為了避免類似災

難再次發生，制定建築物規章監督建築物興建，規定街道寬度，設計消防設施，改善水線系統。倫敦大火其中一個不良影響是房東與租戶之間爭議不斷，誰應該負責房屋損毀、誰應該補償財務損失、誰應該出資重建等。英國國王查爾斯二世（Charles II）設立特別消防法庭（Fire Court）處理各式各樣的索賠與拒絕賠償，從 1667 年到 1672 年服務了整整五年，法院其中最重要的提議之一是應該針對火災損失投保。

1680 年，第一家火險公司在倫敦成立了 —— 火災事務所（Fire Office），與現在保險公司相比，物業主不是為他們的產物投保特定金額，火損時可以獲得理賠；而是支付保單保證在火災發生時，保險公司將嘗試一切可能救回房屋與財務。事實上，火災事務所是一家私人消防隊，只對那些願意付費的客戶提供服務。

火災事務所的成功促使更多火險公司成立，其中最有名的是 1683 年成立的友好協會（Friendly Society）、1696 成立的手牽手火險協會（Hand in Hand），每一家都有自己附屬的消防隊，一般情況下，公司內的消防隊會聘用八至三十位

消防員，除了通常有固定薪資的消防隊長以外，大多是臨時聘用，按每場參與的火災獲得報酬。

隨著火險公司數量增加，區別哪些建築物有沒有投保變得很必要，於是建築物外會放置火險記號，通常在門框上面，從街上很容易一眼辨別。火險記號是用銅或鉛做成牌子，每一家公司自己的識別牌都帶有公司的佩章或象徵，也就是公司的徽章或頂飾，以及建築物所有人投保的保單類型和保險範圍參考編號。

這個解決方法似乎直接了當，但是火險公司的業務競爭很快造成了另一場混亂，像是競爭對手保險公司承保的建築物，消防隊應該負責撲滅到什麼程度。這種情況並不罕見，消防隊有時被派往特定建築物，結果發現這棟房子其實是另一家保險公司承保，因為害怕不能獲得報酬，結果拒絕救火；另外保單失效或是保險人沒有支付保費也要有處理辦法，保險公司必須從建築物拿下火險記號。

慢慢火險公司逐漸減少到特定幾家，這些公司基於互助

南倫敦一處房屋的火災保險記號，由 1696 年成立的手牽手火險協會（Hand in Hand Insurance Society）承保。

精神，彙集各自的消防隊資源，最後在 1833 年整合為倫敦消防局（London Fire Brigade Establishment）。到了十九世紀中，對保險集團而言消防服務營運與維護的成本與物流變得太龐大，他們遊說議會以公共資金設立消防服務，最終在 1865 年獲准。

　　雖然在建築物外放置的火險記號或多或少消失了，但還

是可以在英國老街區的建築上找到。美國和澳洲一些地方也能發現火險記號，因為十八、十九世紀時，這些地區曾操作類似的火災保險計劃。

第四部分

保護、
指引、
生存的符號

「人生就像一條大道，充滿一大堆號誌，當你沿著車轍向前時，別自己擾亂自己的心緒。」

———— 巴布・馬利（Bob Marley）

《起來，站起來！ Wake Up and Live》

人類使用的標誌中，最實用的是不斷增加的指引和保護符號，從告知地點與距離的路標、到國際通用的危險危害符號等。我們從小開始學習和這些標誌有關的顏色與形狀，學習這些符號如何指引我們到允許的範疇、遠離禁止的區域或是最好避開什麼事物。有些人同樣倚賴標誌生存，也就是這個章節將探討的流浪者記號（hoboglyphs），一種包含萬千但已經消失的符號語言。這個章節也會探討聾人手語的發展。

道路交通標誌

　　交通標誌是每天生活的一部分，用簡單的形狀與顏色組成，刻入我們的腦海之深，我們甚至可以下意識自動解讀、遵守。今天看到的交通標誌是從羅馬的里程碑演變而來，顧名思義指的是繁忙公路上沿路每隔幾英哩設下的大柱子，提供的訊息羅馬帝國各地各不相同，但是大概會有最近的城鎮名稱與方位，甚至包含到羅馬的距離（畢竟條條大路通羅馬），這個系統在中世紀時進一步擴展，加上了新城鎮的新位置，不過今日還是可以看到許多當年的羅馬里程碑。

66 號公路代表性的符號已經成為美國文化的根基，儘管這條公路在 1980 年代已經被洲際系統取代。

　　十九世紀末自行車越來越多，除了基本方向與距離之外還需要其他資訊，像是道路狀況、坡度等都是重要傳達事項。1980 年代末義大利自行車旅遊俱樂部（The Touring Club Ciclistico Italiano）是倡導道路符號標準化的重要參與者，他們還自己製作了超精細自行車地圖。許多國際會議在世紀之交舉辦，為了建立一套統一的交通標誌基本原則，1908 年特別舉辦了羅馬國際道路會議（International Road Congres），

到了 1950 年代，大多數國家採用了今天我們所熟悉的數十種交通標誌（雖然不是全部國家都加入）。直到 1960 年代，美國依然沒有默從這套標準，路牌上使用的形狀之多仍是世界之冠，州與州之間各自不同，最著名的道路符號就是盾牌形狀的 66 號公路，指的是一條長達 4000 公里的高速公路，儘管 66 號公路在 1980 年代被洲際系統取代，66 號公路在美國流行文化中仍佔有一席之地。

英國的特色是比起鄰居歐洲更狹長，這使英國不得不正視自己的路標太過大膽不一致，可能造成用路人發生死亡意外。因為英國各地使用不同符號、顏色、形狀、字型等等，狀況混亂，意味著駕駛必須湊近才能好好閱讀交通號誌，而不是遠遠就能看清楚。政府雄心勃勃計劃大力投資的高速公路建設，將使這種情況更加危險。

必須採取行動，1957 年到 1967 年之間，平面設計師喬克·金尼爾（Jock Kinneir）和他的學生瑪格麗特·卡爾弗特（Margaret Calvert）花了十年的時間改善英國的路標，他們開發一套嚴謹的路牌系統，小心搭配標示的字母、顏色、形

狀和符號，兼具效率與優雅，這是英國史上最有野心的設計計劃，目前仍是現代道路路牌的榜樣，到今天這套路牌還在服役中。

　　金尼爾與卡爾弗特採用的規則遵守歐洲協定，使用三角符號代表警告、圓形代表命令、方形代表消息傳遞，在高速公路上使用藍底白字，白字為地名、黃字為道路編號，搭配綠色背板代表主要道路、白色背景代表次要道路。所有號誌都採線條優美的字體「Transport」，由金尼爾與卡爾弗特創建，在所有天氣狀況下都能輕易閱讀，他們使用大小寫來區分駕駛可能在路上遇到其他的招牌，像是廣告或告示等等。

　　為了更實用，也為了符合歐洲協定，卡爾弗特用圖像取代了文字排版，並親自製作簡單友善的 Transport 字體。許多圖像的靈感來自設計師個人真實生活，例如警告附近農場有動物出沒的三角符號，是她以親戚農場一頭叫做「耐心」的奶牛為藍本；最知名的符號之一是學童正在穿越馬路，這是從一個老符號作修改，原本是一個小男孩手牽手領著小女孩，由於「男女混校系統正要開始，希望標誌更具包容性」，

瑪格麗特‧卡爾弗特最受喜愛的英國道路標誌，因為看起來不像一個正在施工的人，
更像正在跟雨傘搏鬥的人。

所以卡爾弗特調換角色，讓小女孩牽著更小的男孩，而小女
孩以設計師自己做藍本。

　　卡爾弗特最具代表的號誌大概是「道路施工」，不過不
是因為這個號誌對靠近施工現場的駕駛特別有用，而是這個
號誌有為數不多的意外笑點，看起來很像「正在跟雨傘搏鬥
的人」。

倫敦地鐵地圖

　　像倫敦地鐵一樣具有代表性的市民交通系統，放眼全世界很少看到，特別是獨特的標牌運用與平面設計，倫敦地鐵地圖世界知名，激發許多設計的靈感，從流行服飾、現代藝術到桌遊、壁紙、浴簾等。地圖使用的地形結構也被世界各地快速交通系統採用，讓暱稱為「水管地圖」的倫敦地鐵地圖成為真正的設計經典。

　　現在的倫敦地鐵前身是十九世紀不同公司興建的零散地

下鐵路系統，公司之間競爭激烈，意味著沒有太多動力把整體網絡連貫起來，早期的地圖用的是城市精確的地理地圖，每個站臺都標在上面，隨著網絡不斷擴張，每條路線上站臺也越加越多，地圖變得越來越混亂難懂，特別是市中心。電氣化帶來了曙光，加上需要方便乘客換乘，各個公司逐步針對實際狀況展開合作，從工程到地圖等，終於在 1933 年整合為倫敦交通局（London Transport ）。

　　新公司需要趕快解決混亂的地理製圖法，最大問題是地形圖設計時考慮了太多枝節。倫敦地鐵信號室（London Underground Signals Office）的工程製圖員哈利・貝克（Harry Beck）發現對大多數的乘客而言，每個站臺的實際地理位置是多餘資訊，既然乘客在地底移動，他們只想知道怎麼從A 點到B 點，貝克繪製地圖時只用不同顏色的水平線、垂直線與 45 度直線，唯一地理元素是粗略的泰晤士河輪廓，方便乘客知道自己正在往河的北方或南方前進。

　　貝克將他的設計提交給倫敦交通局首席執行長法蘭克・皮克（Frank Pick ），最初遭遇許多質疑，皮克擔心地圖沒有

哈利・貝克革命性的地鐵地圖沒有獲得太多金錢報酬，但近幾年他獲得大眾認可，站上設計天才的位置，像出現在 1999 年發行的「經典設計」郵票上。

交待清楚站與站之間的精確距離，最後勉強同意試印地圖，結果出乎預料，證明貝克是對的，新地圖馬上打中通勤者的需求，700,000 份地圖全被拿光。

　　因為哈利・貝克沒有得到正式委托製作地圖，他只是出於熱情做了這麼多事，所以他革命性的設計獲得的金錢報酬少得可憐，大概只有舊基尼十金幣。直到 1960 年代貝克仍繼續修改、更新設計，直到觸犯了內部政治，以及很有可能

來自同事的妒忌才停手,其他官方委任的設計師進一步完成修改與調整,包括新站臺與新路線的建置、舊車站關閉等,不過今日地鐵地圖的結構與設計,仍歸功哈利·貝克。

可能出於對貝克的待遇感到愧疚,而且貝克對公司的貢獻一直沒有獲得認可,多年之後倫敦交通局官方終於對哈利·貝克的努力給予應有的肯定,1990 年代初,貝克過世二十年後,總算獲得遲來的致意,倫敦交通博物館其中一個展示空間以他的名字命名,將貝克原始手繪與設計作為永久陳列展出。

手語

　　聾人所使用的手語常被誤解是全球都能理解的通用手勢系統，事實上手語沒有全球標準，儘管多年來人們試圖建立一個標準，但手語各自獨立發展，每個國家各有不同，有一些手勢很類似，卻因系統不同而有不同的含義。

　　史上第一位試圖建立聾人手語是 17 世紀早期西班牙神父璜‧巴勃羅‧波奈特（Juan Pablo Bonet），當時他受聘擔任西班牙高等貴族弗里亞斯公爵璜‧費爾南多‧德貝拉斯科

手語的發展，上圖是學校操場上的牌子，徹底改變了全世界數百萬聾人的生活。

（Juan Fernández de Velasco, the Duke of Frias）的侍從，成為他又聾又啞的兒子路易斯（Luis）教師，當時有這種殘疾的人經常受到羞辱，被當作無法教化的呆子，但開明的牧師試圖克服這個障礙，根據字母開發手部信號與手勢系統，用來輔助教導路易斯基本識字能力，而識字能力是繼承西班牙貴族頭銜的法律條件。

波奈特系統很快就傳開了，不久後他便收到其他邀請，教導西班牙貴族中的聾啞後裔，波奈特細修了這個系統，1620 年出版了《字母簡化與教導啞巴說話的藝術 Reducción de las letras y arte para enseñar a hablar a los mudos》，加上說明版畫解釋波奈特方法的操作大綱，板畫中可以看到不同的手勢與相對的字母，波奈特的書被視為現代教育語音與語言治療的先驅。

波奈特的專著出版一個世紀多後，法國神職人員與慈善家查爾斯米歇爾・德雷佩（Charles-Michel de l' Épée）承襲波奈特的思想，德雷佩曾接受天主教神父的訓練，將大部分的人生貢獻給巴黎的窮苦人，傳說中他固定拜訪巴黎貧民

窟，有次遇見兩個聾人姐妹用手語有效率地和彼此交談，因此深深著迷，1760 年代德雷佩在巴黎創辦世界第一所免費的聾人學校，這個一流的組織最後變成深具影響力的法國巴黎聾校（Institut National de Jeunes Sourds de Paris），啟發全歐洲創立類似的計劃與附屬學校。

雖然德雷佩經常被視為法國手語的發明者，又或者至少是教導巴黎聾人使用手語的第一人，但其實幾世紀以來，巴黎的聾人社群一直使用一套非正式的溝通信號系統，有時被稱為法國古手語（Old Signed French），德雷佩的貢獻是將這套方法發展改編為一致的正式語言，不僅僅用來表達字母，並加上文法元素與手勢來傳達概念。他為後世聾人教育留下的資產相當可觀。美國神職人員牧師托馬斯・霍普金斯・高立德（Reverend Thomas Hopkins Gallaudet）在十九世紀初訪問了德雷佩的其中一所學校，並帶著其中一名前學生羅蘭・克雷（Laurent Clerc）返回美國，在康乃迪克州哈特德（Hartford）創立美國聾人學校（American School for the Deaf），他的兒子愛德華・米勒・高立德（Edward Miner Gallaudet）創辦了之後的華盛頓特區高立德大學，這些機構

協助美國手語的建立，其中融入德雷佩系統許多元素。

十九世紀後期手語推廣開始遇到挫折，當時非聾人的教育者發起運動，反對手勢教學，疾呼「口語主義」教學方法，也就是著重唇讀和言語治療，他們認為手語對聾人社群造成妨礙，阻擋學生掌握父母與同儕使用的語言。像是高立德這樣的手勢教學擁護者，激烈爭辯手語的效率，但是口語教學擁護者仍佔了上風，幾乎長達一世紀。

1970 年代，許多報告譴責口語教學沒有效果，高立德大學的威廉·史多基博士（Dr William C. Stokoe）則示範手語的功能，證明手語足以被視為獨立的語言，手語終於在世界各地重獲地位，重新引入學校，現在出現在電視與劇場表演中。雖然手語仍隨每個國家各不相同，有時甚至一國內因區域不同各有變異。

貝爾與口語教學主義運動

亞歷山大‧格拉漢姆‧貝爾（Alexander Graham Bell）是受人敬重的科學家、工程師與電話發明者，同時也是聾人教育中口語教學運動的提倡者，他主張手語適得其反。

貝爾的父親亞歷山大‧麥維爾‧貝爾（Alexander Melville Bell）發明一套語音標記的唇讀法，追蹤嘴唇、舌頭和喉嚨發出說話聲響時的位置，老貝爾的方法一開始是用來教導維多利亞時代流行的正確演講技巧，後來唇讀也用來教導聾人社群說話。貝爾深信利用父親的方法，加上唇讀練習就能根絕耳聾。

1872年貝爾在波士頓開立聲音生理與演說技巧學院，力求推廣父親的教學方法，他的作法相當受歡迎也很成功，貝爾同時擔任私人教師從事教學，最知名的學生是海倫‧凱勒（Helen Keller），後來海倫‧凱勒稱讚

貝爾有志終結「導致分離與疏遠的不人道沈默 」；貝爾另一名學生是梅碧・荷本（Mabel Hubbard），五歲失聰，父親是美國麻薩諸塞州克拉克聾校（Clarke School for the Deaf）校長，荷本之後成為貝爾的妻子與四個孩子的母親。

雖然如此，在一些歷史學家看來口語教學方法是聾人教育的「黑暗時代」，有許多聾人也這麼認為，教室裡禁止使用手語，專精手語的聾人教師漸漸被能聽見的教師取代。文獻記載對手語發起過最激烈的作戰是將聾人學生雙手綁在背後、或是和腿綁在椅子上，避免他們用手溝通。聾人兒童無法融入聽力正常的社會，反而失去自己容易理解的語言，最後還是重新引入手語，作為聾人教育與溝通的基礎。

流浪者記號

　　英文中「hobo」一詞在現代說法通常用來描述城市中無家可歸的人，但是在二十世紀剛開始時，這個字指的是流浪者或遊牧民工，他們跨越美國四處遊蕩尋找工作，不管找不找得到。流浪者經常跳上一列縱橫美國的載貨火車，穿越美國中西部大部分區域，他們偏好的移動方式解釋了「hobo」這個字的起源，也就是跳上車廂「hopping boxcars」的縮寫。另一種可能的推論是來自鋤頭男孩「hoe boy」的縮寫，也就是農場助手。還有可能是紐約休士頓街與包厘街「Houston

像上圖在紐奧良密西西比河附近發現的流浪者記號,是用來與其他移工溝通,告知哪裡可能可以找到食物與棲身之所。

and Bowery」的簡稱，流浪民工通常聚在這個區域找工作。這些流浪者通常受人懷疑，飽受歧視，遭人冷眼對待，特別是 1933 年到 1936 年大蕭條時期黑色風暴年代（Dust Bowl），一場嚴重的乾旱摧毀數千英哩的草場與農田，大約有 500,000 人因毀滅性沙塵暴席捲北美大平原而無家可歸，農作物歉收、農場被查收，迫使數千人開始遷徙尋找工作機會。

面對嚴峻的困難處境，移工發展出一套祕密符號語言，一般稱為流浪者記號（hoboglyph），這組符號可以刻或畫在籬笆、建築物、電線桿、大門或是路牌上，為其他旅行者提供資訊，告訴他們哪裡是最佳扎營地點或是哪裡可以找到食物、哪裡有可能找到工作、前方可能有哪些危險等等，這些記號包含簡單符號組合（圓圈、正方形和三角形）、抽像線條、基本圖案、數字、波型與箭頭。箭頭提供地理方向，形狀提供隱密的資訊和警告。例如，長方形中央有一點表示移工有危險或是周圍人對移工有敵意，四個斜線橫排加上數字 18 表示有可能以工換食，這個獨一無二的符號系統用來維護流浪工人族群的安全，讓他們可以取得食物與工作，設計夠

簡單，看在不知情的人眼裡只是隨手畫畫。

　　二次世界大戰之後，用流浪者符號做記號慢慢消失了，很大一部分是因為當時經濟相對繁榮，主要城市數量與規模增加，流浪全美國尋找工作的移工人數便急劇下降。

流浪者記號對狂人的影響

　　流浪者記號是廣受好評的電視劇集《廣告狂人》靈感來源，有一集「流浪者代碼」中，廣告人唐‧德雷柏（Don Draper）在派對上因為大麻開始回憶從前，他想起自己小時候經濟大蕭條時期農莊發生的事，一個旅行中的流浪者在找工作，而德雷柏的繼母同意讓他做一些家務來交換食宿，年輕的德雷柏與流浪者成為朋友，他發現紐約正在呼喚他，所以選擇成為一名流浪者，以便自由漫遊美國各地；德雷柏告訴流浪者，他真正的母親是一名娼妓，而父親虐待他。流浪者向德雷柏解釋流浪者代碼，告訴他各種符號代表的意思，隔天早上流浪者離開後，德雷柏發現大門畫了一把刀，向其他旅行者表示這家主人不值得信任而且很危險。這場相遇讓德雷柏初次明白符號傳達想法或訊息的力量，是他與他的廣告狂人在廣告割喉戰中寶貴的資產。

第五部分

當代與未來的
符號

「周圍外側，有空白和實體緊緊重疊成一體的空間。過去和未來形成沒有分界的無限圓圈。在那裡飄浮著誰都還沒有讀過的記號，誰都還沒有聽過的合音。」

————— 村上春樹著，出自《海邊的卡夫卡》

賴明珠譯

過去三十年因為通訊技術快速發展，創建了新的標誌與符號語言，電子郵件、行動電話、簡訊與社群媒體網站使特定縮寫、符號與簡稱興起，方便書寫和溝通。

　　未來的標誌與符號會是什麼？正式的語言是否將因為追求速度、簡潔和「使用者友善」而衰微？如果是的話，我們是否擁抱科技與無限的可能，將語言與文化傳統所設下的人類溝通界限打開，增加世界通用的標誌與符號不只不可避免，而且其實至關重要。

@符號

　　@符號是當代電子通訊的主要基本圖案，因為大量用於電子郵件位址、社群媒體管理（使用者名稱，像是推特用的）以及簡訊簡稱。的確，@在現代生活中變得非常重要，大量出現在印刷品上，1971年電腦科學家雷・湯姆林森（Ray Tomlinson）發明的@符號，2010年收入紐約現代藝術博物館作為永久館藏。但是這個符號的起源有點爭議，也許出乎所有人意料之外，它沒有正式名稱，世界各地上有各種不同的命名。我們目前知道在印刷機發明以前，@符號曾用於中

雖然現在@符號更常出現在社群網站，但其實@符號最早出現在十四世紀很受歡迎的拜占庭編年史保加利亞語譯本中。

世紀商人的書信，但實際起源可能更早。美國古文字學家貝特霍德‧路易斯‧歐曼（Berthold Louis Ullman）在著作《古代書寫與其影響 Ancient Writing and its Influence》中寫道，僧侶在面對艱鉅、似乎永無止盡的古拉丁文抄寫工作中，自然而然開始尋找捷徑，歐曼提出@符號是拉丁文「ad」的縮寫，「a」指的是朝向或往，為了看起更優雅，便在「a」字符後面加上「d」。但是其他學者指出在聖經抄寫上偷懶，有違修道院對耐心、勤奮與堅毅的要求，而且特定縮寫連字需要遵循嚴格的傳統。（見 177 頁表示「And」的符號）

　　這個符號最早的用法之一，出現在義大利酒商弗朗切斯科‧拉匹（Francesco Lapi）的信上，1536 年五月四日從塞爾維亞寄往羅馬，信中拉匹列出目前葡萄酒的價格，大概是為了出口，使用@標誌代表雙耳瓶，這種大型陶罐是傳統用來運酒的器皿，幾世紀之來這個符號變成貿易商與零售商標註特定商品個別單位的價格或比率，例如12個橘子@ \$0.50，是銷售帳目與會計實務中常見的符號。

　　1870 年代之後@沒有出現在市面販售的商用打字機上，

二十世紀後半葉會計上的使用開始減少，後來打字機的鍵盤上偶爾會出現這個不起眼的按鍵，如果不是湯姆林森這個符號可能已經被淘汰了，就是紐約現代藝術博物館收藏那件的作品。湯姆林森在研究網路系統初期原型時，決定賦予電傳打字機「Teletype Model 33」上過時的@符號新生命，用這個符號分隔不同收件人姓名，不久後第一封電子訊息在湯姆林森的辦公室裡幾臺電腦間傳來傳去，使用他新造的位址系統，這個符號理所當然變成了區分線上電子身份的標準方式。

沒有名字的符號

　　@符號在英文中俗稱「at」符號，但是沒有正式命名，這個無所不在的符號不尋常的無名狀態，世界各地於是發展各式各樣的暱稱，其中大多數與動物有關，以下是一些很有創造力的綽號：

apenstaartje：荷蘭語中「猴子尾巴」

ludo a：波士尼亞語中「瘋狂的a」

snabela：丹麥語中「大象的鼻子a」

kissanhnta：芬蘭語中「貓咪尾巴」

klammeraffe：德語中「蜘蛛猴子」

papaki：希臘語中「小鴨子」

shtrudel：希伯來語中「水果餡餅」

kukac：匈牙利語中「蟲」

dalphaengi：韓語中「蝸牛」

grisehale：挪威語中「豬尾巴」

sobachka：俄語中「小小的狗」

表示「And」的符號

&符號（and 符號）的英文是「ampersand」，現代因為廣泛應用在電腦上而獲得第二生命的符號又一例子，& 符號的起源可追溯至西元一世紀，在拉丁文手稿艱辛的抄寫過程中，用於連字方便書寫，這個符號的組成是把字母 e 和 t 連成一筆畫，「et」代表拉丁文中的「and」。

若不是西元八世紀英國學者約克的阿爾琴（Alcuin）「et」連寫也許早就消失了，他在 782 年受查理曼大帝邀請

到亞琛宮殿（Palace of Aachen）任教，當時史學家艾因哈德（Einhard）稱阿爾琴是「世上能找到最有學問的人」，之後阿爾琴為查理曼大帝龐大的帝國，開發出一套拉丁文書寫體的標準文體，阿爾琴在查理曼大帝的寫字間（scriptorium）工作，發展出被稱為卡洛琳小寫字體（Carolingian minuscule）的書法文本，卡洛琳小寫字體流行了四個世紀，避開許多常見的拉丁文連寫，卻保留了「et」連寫，在時間推移下變得更具形體，類似今日鍵盤上看到的 & 符號。

谷騰堡在 1450 年左右發明了印刷機，印刷書籍中的使用讓 & 符號快速傳開，十九世紀有段時間，人們認為 & 符號是英文字母中非正式的第二十七個字母，課堂朗誦時跟在字母「z」後面，事實上，正是這樣讓 & 符號有了名字，當時教導孩子背誦字母自己本身就是一個字的字母，像是代表「出自」的 A（A per se A）、代表「自己」的 I（I per se I）、代表「以及」的 and（and per se and），發音含糊的話就變成了「ampersand」。

十九世紀晚期，印刷體使用 & 符號開始變少，主要用

於商業簽名，電腦時代的演進賦予這個曾經優雅的縮寫新功能，用於程式語言和簡訊，似乎更貼近了原始發明的目的，也就是修道院抄寫員尋找讓艱苦作業更快完成的方法，現代通訊的步調讓省時的 & 符號有了新用途。

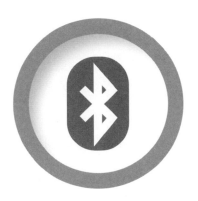

藍牙符號

　　也許你很難相信，不過藍牙無線數據系統的特殊符號，就是全世界無數電子通訊設備螢幕上出現的那個符號，源自中世紀古代北歐斯堪地那維亞（Scandinavia）戰士之王的英

勇事蹟。

西元 958 年國王哈拉德一世（Harald Gormsson）繼承他的父親國王老高姆（Gorm the Old）的領土，也就是現在的丹麥。中世紀史學家偏好給他們的君王取個略帶嘲諷的綽號，幾部古北歐人的編年史中，哈拉德一世被稱為藍牙（Blátand），因為他的牙齒染色嚴重，傳說中哈拉德一世特別喜歡丹麥盛產的野生藍莓，結果造成牙齒變色。

一般認為哈拉德一世在丹麥耶靈（Jelling）父母的墓地，豎起了兩個刻有盧恩文的大型石碑。耶靈是丹麥最著名的遺址，聯合國教科文組織認可的世界文化遺產，石碑的重要性是為北歐偶像崇拜儀式和哈拉德一世散播的基督教思想之間搭起橋梁，兩個石碑中較大的一個描述了耶穌，並附註哈拉德一世的成就，他平息了丹麥與挪威交戰的派系與部落。

1994 年，瑞典電子公司愛立信（Ericsson）提議創建一個無線介面系統，讓世界各地快速增加的移動通訊裝置，在短距離內可以互相連結、共享數據，不需要使用任何傳輸線。

最後愛立信邀請幾位電子通訊領域的競爭對手組成 SIG 技術研發聯盟（Special Interest Group），一起在這個項目上進行合作，愛立信的工程師史芬・馬德森（Sven Mathesson）送英特爾程式設計師吉姆・卡達奇（Jim Kardach）一本暢銷的歷史小說當作禮物，本特松（Frans Gunnar Bengtsson）所著《長船 The Long Ships》，書中以綽號藍牙的哈拉德一世為背景。卡達奇看到古代國王在分裂中追求統一，恰如 SIG 小組希望跨廠牌能夠統一的目標一樣，結果這個項目就被取名為「藍牙」了。

為了紀念藍牙哈拉德一世所激發的合作精神，藍牙介面標誌設計結合了這位北歐的國王盧恩文名字首字母 H 和 B。

蘋果電腦的指令符號

　　就像藍牙符號一樣，蘋果麥金塔電腦鍵盤上特有的
方形循環符號也是來自北歐，1980年代早期麥金塔電
腦背後的開發團隊有個想法，想在標準鍵盤上加上指令
鍵，和其他鍵搭配組合使用，成為大量指令選單的快捷
鍵。一開始這個指令鍵當然是用著名的蘋果標識，但是
史蒂夫·賈伯斯覺得設計團隊太偷懶了，這個現在舉世
聞名的蘋果標識使用未免過於氾濫，重新設計符號的工
作落在平面設計師蘇珊·凱爾（Susan Kare）身上，她翻
遍無數的國際符號圖鑑，最後發現一個隱晦的符號，常
見於瑞典與部分北歐地區的露營地，公告板上用這個標
誌代表有趣的地方，像是瀑布或其他自然景觀。賈伯斯

喜歡這個標誌的含義，指引使用者電腦上有個「有趣的地方」，這個符號一直保留到現在，成為蘋果電腦上獨特的符號。

電源與待機標誌

　　電子產品上用圓圈加上直線代表電源開關或待機鍵，1973 年 國 際 電 工 委 員 會（International Electrotechnical Commission）將這個符號定為標準後變得很常見，不過在此之前數十年一直是非正式使用。

　　早期的電子設備開關有開、關兩種狀態，就像常見的電燈開關，後來逐步演變為二進位的 1、0，這是為了避免語言障礙發生，後來開關變成單一按鍵，同時可以操作兩種功能，

就像現代的電腦和行動電話，電源標誌的來源就是把 1 移動
到 0 裡面。電視與電腦待機模式發明後，這個標誌需要調整，
於是用 1 切開 0，取代原本把 1 放在 0 裡面的設計。

　　待機模式標識比科技愛好者預料之外更有代表性，各式
各樣的科技公司與辦公用品公司用它當作標識，有段時間甚
至用在時髦的 T 恤上，就像笑臉符號一樣。但是其中最奇妙
的現代應用遠超出電腦科技範圍，2010 年待機標誌擊敗近
600 名參賽者，登上紐約保險套的包裝設計，進入決賽的其
他五名設計包括高帽、市政府人孔蓋等，甚至還有一個充滿
暗示的火車隧道。創作者路易斯・阿科斯塔（Luis Acosta）
表示：「我希望我的設計讓人覺得一切都在掌握中。」他的
設計現在用在保險套包裝上，每年紐約全城免費發出數百萬
只。

太空梭先鋒者鋁板

　　1972 年美國天文學家卡爾・薩根（Carl Sagan）與法蘭克・德雷克（Frank Drake）設計了太空梭先鋒者鋁板，陪伴探勘太空梭先鋒者十號飛往木星。一年之後，同樣的鋁板裝上了先鋒者十一號。到目前為止，這塊鋁板是人類唯一一次嘗試用符號與外星生物溝通，當然，也許外星生物不能理解我們普遍都能知道的形狀、顏色或造型。太空梭先鋒者鋁板同時也是唯一一個飛出太陽系的人造圖表。

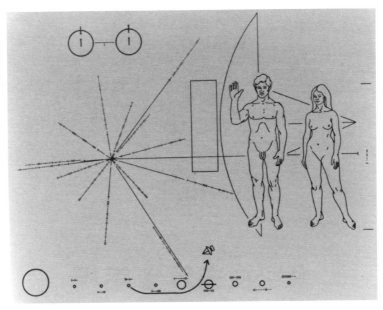

先鋒者鋁板設計用來與外星球的鄰居溝通，雖然這個鋁板也引發外星生物入侵的疑慮。

　　博士薩根熱心投入在先鋒者太空梭上放置訊息的想法，並邀請博士德雷克幫忙設計鋁板，博士德雷克是德雷克公式發明人，這個公式用來推測銀河系內外星高智文明的數量。博士薩根與妻子琳達・薩爾茲曼・薩根（Linda Salzman Sagan）合作一起準備這件藝術品，最終的設計刻在兩個鍍

金鋁板上，大約是平板電腦的大小，與太空梭天線支柱相連在同一個位置，避免被星際太空塵侵蝕。

之後，更複雜且更有目的性的溝通方式取代了先鋒者鋁板，也許先鋒者鋁板從未被視為與外星球生物溝通的可能形式，而是紀念當時先鋒者太空梭成為從地球發射後離我們最遠的物件，雖然先鋒者鋁板是用有限的時間倉促製作的符號訊息，凸眼睛的外星人可能很困惑，不過它所揭露關於人類的資訊其實很有代表性。

博士薩根和德雷克遇到第一個主要問題是如何與另一個使用不同圖像參數的文化溝通，即使假設外星生物有視覺皮層，可以和我們一樣「看見」東西，我們也不能預設它們和人類一樣熟悉海、土地或太陽，而且以上假設還不包括外星生物的大小、體型或理解遙遠星系塗鴉的能力，然而宇宙間有些常數可以依賴，這些常數具有普遍性，至少就太空而言的確如此，這些結論得自「本地附近區域」，像是氫普遍存在且特性一致、星辰與我們的相對位置、轄制宇宙運行共通的數學常數等，例如圓周率不管符號寫成怎麼樣，圓周率就

是圓周率，不會有其他可能。

　　鋁板本身的設計包含一系列簡單的圖表，有科學公式示意圖、我們太陽系的地圖以及先驅者太空梭預設的飛行軌跡、兩個人類的形象一男一女等。當然，最後一個造成的爭議最大。男人的手舉起像在揮舞，女人站在他旁邊，頭微傾或像看著男人，兩人都是裸體，男性的生殖器暴露，但女性沒有陰部裂口、也沒有陰毛。為了避免觸犯那個年代敏感的讀者，有些報紙轉載的圖像移除男性生殖器以及女性的乳頭。進一步反對聲浪來自女權主義者，他們認為女性的姿勢顯然表示恭順（的確如此）；民權運動者認為兩個人類的形象都是高加索人（的確是）；還有各式各樣過度的擔憂，陰謀論者認為這個鋁板四處宣傳人類的位置，可能導致外星生物惡意入侵地球。

　　從我們自己的角度來看，兩個人類的代表圖像是最容易辨識的符號，但是很諷刺的是對任何潛在觀眾來說，這可能是最沒有意義的部分，就算外星生物接受了預設的想法，將兩個形象判讀為彼此不同的生命形式，他們也可能完全誤解

舉起的手，以為是威脅或是帶有敵意的某種意圖。

　　到目前為止訊息中最有趣的部分在於尋找宇宙常數的想法，從這個想法推斷溝通的層次，氫是宇宙間最豐富的元素，符號是兩個圓圈加上二進位的「1」，如果我們在外太空碰到的生物能夠正確理解，並用來破解鋁板上其他圖表，事實上就能非常精準獲悉太空梭從出發地旅行了多遠、用了多久時間，哪怕太空梭已經在太空中漂浮數百萬年。

　　另一個圖表用放射狀圖騰標註我們在太陽系與顯目太空地標的相對位置，雖然這個太陽系概圖也許讓任何讀者都追蹤不到，因為自 1972 年以來，冥王星從行星降級成矮行星，海王星、天王星和木星周圍則發現了行星環。

　　雖然這塊鋁板的象徵意義很有趣，不僅反映了製作年代，有一半的製作意圖還是讓凸眼睛看到，不過這個希望非常渺茫。一般人考慮遼闊的太空時，往往對涉及的時空與距離產生誤會，撰寫本文時，先鋒者十號已經飛出我們太陽系的邊緣冥王星軌道，朝著畢宿五（Aldebaran）（金牛座）前

進，雖然不期待太空梭能在接下來兩百年內抵達畢宿五，到
這邊談論的規模其實非常大，就算到了下一個世紀，先鋒者
比起其他星系的距離，還是離我們的太陽系比較近，如果期
待任何經過的太空船撿起先鋒者十號，那就像瓶子剛被拋入
海中，就期望有人找到你的瓶中信一樣。

先鋒者爭議

　　反對先鋒者鋁板的意見非常多，有中肯的女權主義
者提出的抗議，也有害怕被入侵的孤立主義者雙眼瞪大
的恐慌，但是一如以往，最荒唐的抗議來自古板不切實
際的假道學者，他們向不同的國內報紙廣發信件，例如
下面這則洛杉磯時報（Los Angeles Times）刊登的信：

我必須說我對洛杉磯時報頭版公然刊出男女性器官感到震驚，這種形式的性剝削肯定低於社會大眾對洛杉磯時報的期許。我們對電影傳媒與低俗雜誌帶來的色情轟炸忍得還不夠嗎？我們自己的太空機構官員真的覺得有必要將這種猥褻資訊散佈到太陽系以外嗎？

幾天後出現下面這個精彩的機智回應：

我絕對同意那些抗議的人，別將赤身裸體的骯髒圖片發到外太空去，我認為太空梭鋁板視覺呈現上，應該刪除男女畫像的人體器官，我們應該在他們身邊用一只鶴啣著天堂來的小包袱，如果我們真心想讓天邊的鄰居知道我們文明的進展，我們要放上聖誕老人、復活節兔子和牙仙女才對。

參 考 書 目

Appiah, K.A and Gates, H.L, ed., The Dictionary of Global Culture, Penguin 1996

Chevelier, Jean and Gheerbrant, Alain., The Penguin Dictionary of Symbols (trans Buchan Brown, J.), Penguin 1996

Cirlot, J.C., Dictionary of Symbols, Routledge 1983

Cooper, J.C., An Illustrated Encyclopaedia of Traditional Symbols, Thames & Hudson 1979

Gauding, Madonna, The Signs And Symbols Bible, Godsfield Press 2009

Nozedar, Adele, The Illustrated Signs And Symbols Sourcebook, Harper Collins 2010

Wilkinson, K, ed, Signs And Symbols,Dorsley Kingsley 2008

Various, The Book of Symbols, Taschen GmbH 2010

圖 片 出 處

舊石器時代石窟壁畫 17 頁、羅塞塔石碑 27 頁、皇家盾徽 34 頁、鳶尾花飾 43 頁出自 體育攝影 (Action Sports Photography)；陰陽 49 頁、反閃米特宗教服飾標章 55 頁、耶穌聖心 59 頁、紐約愛我 60 頁 dutourdumonde 攝影；佛教卍字符 64 頁 Attila JANDI 攝影；納粹卍字符 66 頁 Neftali 攝影；羅馬尼亞郵票 73 頁來自基輔的 Victor 攝影；三葉草街燈 79 頁、布宜諾斯艾利斯的骷髏與叉骨 85 頁、和平符號 89 頁 Emine Dursun 攝影；奧林匹克環 96 頁出自 kycstudio/iStockphoto；奧林匹克環 97 頁出自 meunierd/Shutterstock.com；笑臉符號郵票 104 頁出自 catwalker；蘇格蘭一英鎊鈔票 115 頁、Ruth Black 攝影；阿爾戈號的傑森 137 頁、火災保險符號頁、66 號公路 143 頁、路牌符號 152 頁、哈利・貝克的地鐵地圖 155 頁 Neftali 攝影；手語資訊板 158 頁、流浪者符號 165 頁、拜占庭手抄本 173 頁、先鋒者鋁板 187 頁。

其他插圖來自 www.shutterstock.com

感 謝

　　我衷心感謝以下人士，在這本書的構思過程中提供了寶貴的幫助、建議和支持（包括實際幫助和精神支持）：博士提姆‧邁克威恩（Tim McIlwaine）提供了額外的卓越研究和補充材料；馬修‧克萊頓（Mathew Clayton）讓這本書可以成真；西爾維亞‧康普頓（Silvia Compton）和加布里埃拉‧奈梅斯（Gabriella Nemeth）明智的編輯技巧與認同，凱特‧杜魯門（Kate Truman）無價的校對，魯卡斯（R. Lucas）和菲力特（J. Fleet）以及薩克斯大學圖書館的工作人員，奧馬拉出版（Michael O' Mara）的設計和製作團隊，以及我的家人和朋友的耐心與鼓勵。

索 引

符號的故事

從文字到圖像，45個關於宗教、經濟、政治與大眾文化的時代記憶

Symbols

作者	約瑟夫·皮爾希（Joseph Piercy）
譯者	蔡伊斐
責任編輯	謝惠怡
封面設計	廖韡
內頁排版	郭家振
行銷企劃	蔡函潔

發行人	何飛鵬
事業群總經理	李淑霞
副社長	林佳育
副主編	葉承享

出版	城邦文化事業股份有限公司 麥浩斯出版
E-mail	cs@myhomelife.com.tw
地址	104台北市中山區民生東路二段141號6樓
電話	02-2500-7578

發行	英屬蓋曼群島商家庭傳媒股份有限公司城邦分公司
地址	104台北市中山區民生東路二段141號6樓
讀者服務專線	0800-020-299（09:30～12:00；13:30～17:00）
讀者服務傳真	02-2517-0999
讀者服務信箱	Email: csc@cite.com.tw
劃撥帳號	1983-3516
劃撥戶名	英屬蓋曼群島商家庭傳媒股份有限公司城邦分公司

香港發行	城邦（香港）出版集團有限公司
地址	香港灣仔駱克道193號東超商業中心1樓
電話	852-2508-6231
傳真	852-2578-9337
馬新發行	城邦（馬新）出版集團Cite（M）Sdn. Bhd.
地址	41, Jalan Radin Anum, Bandar Baru Sri Petaling, 57000 Kuala Lumpur, Malaysia.
電話	603-90578822
傳真	603-90576622
總經銷	聯合發行股份有限公司
電話	02-29178022
傳真	02-29156275

製版印刷	凱林彩印股份有限公司
定價	新台幣360元／港幣120元

2018年10月初版一刷·Printed In Taiwan

ISBN　978-986-408-429-6

國家圖書館出版品預行編目（CIP）資料

符號的故事：從文字到圖像,45個關於宗教、經濟、政治與大眾文化的時代記憶 / 約瑟夫.皮爾希(Joseph Piercy)作；蔡伊斐譯. -- 初版. -- 臺北市：麥浩斯出版：家庭傳媒城邦分公司發行, 2018.10
面；　公分
譯自：Symbols
ISBN 978-986-408-429-6(平裝)

1.符號學 2.圖像學

156　　　　　　　　　　　107017114